知っておきたい日本の神話

瓜生 中

角川文庫
14938

知っておきたい日本の神話　目次

第二章　天地創造神話　37

第三章　高天原《たかまがはら》にまつわる神話　69

第六章　神社にまつわる神話　195

地図作成　オゾングラフィックス

まえがき

十数年前、私はひょんなことから一人のイラン人の青年に出会った。彼はイスラムの神話を滔滔《とうとう》と語り、最後に、今の自分があるのはそういう祖先のお蔭《かげ》だと言って胸を張った。いっぽう、彼に「お前のルーツは？」と問われたとき、満足な答えを返すことができなかった。そんな自分を恥ずかしく思うとともに、民族のルーツを淀《よど》みなく語った彼をとても羨《うらや》ましく思った。

このとき、神話には民族のアイデンティティを確認させる力があり、ある民族として生まれて生きている現在の自己を再認識させる機能があると思った。私が民族のルーツを問われて答えられなかったのは、おそらく、そういった神話の持つ力の恩恵に与《あずか》っていなかったからだろう。

というのも、日本人は神話教育に関してたいへん不幸な歴史を背負わされてきたからだと思う。明治維新以降、神道が国教化されると、『古事記』『日本書紀』（以下、記紀という）の中の神話が絶対的な権威と見なされた。もともと、記紀は天皇家の正統性を主張するために編纂《へんさん》されたものであるが、明治以降はその主張に拍車がかかり、天孫降臨の神話などはあたかも疑う余地のない史実であるかのように幼いころから叩《たた》き込まれた。それは、この国は天照大御神《あまてらすおおみかみ》の子孫（天孫《てんそん》）が治めるのが当然であり、延《ひ》いては天孫の末裔《まつえい》である万世一系《ばんせいいっけい》の歴代天皇に不可侵の統治権があることを知らしめるためであった。戦前の小学校で、低学年から、神武《じんむ》天皇から今上《きんじょう》天皇まで歴代天皇の名を暗記させたのも、万世一系の思想を植え付けるためであった。

このような神話教育が民族のアイデンティティの形成に大いに役立ったことは否定できない。しかし、そのアイデンティティは民族の素朴な感情が徐々に積み重ねられて形成されたものではなく、為政者の側から意図的に形成されたものだった。しかも、そのようにして形成されたアイデンティティは、植民地主義とも呼応して次第に過激な道をとるようになり、ついには太平洋戦争の原動力となったのである。

このような、いわば不自然な民族意識（アイデンティティ）の形成に神話が利用されたことは、大いに不幸であった。神話が意図的、政治的に改変されることは他の民族にもあるだろう。しかし、日本の場合、それが余りにも極端な形で行われたのだった。

敗戦を迎えると、日本の神話にはさらなる不幸な運命が待っていた。太平洋戦争の原動力、軍国主義の温床と目された神話は一転、悪玉にされたのである。とくに革新的な人々の間では神話はタブー視され、学校教育の中でもほとんど取り上げられなくなった。これに対して、政府は必死になって神話の復権を図り、学習指導要領の中にも神話教育の重要性が明示された。そして、昭和四〇年代にはついに小学校の教科書に神話の一部が掲載されることになったのである。

このように神話を巡っては賛否両論が渦巻き、いつ決着がつくものか皆目見当がつかないのが実状である。しかし、先にも述べたように神話には民族のアイデンティティを確認させる力がある。神話を荒唐無稽《こうとうむけい》な話としてまったく否定してしまえば、われわれの民族としての拠《よ》って立つところがなくなる危険がある。いっぽう、戦前のような歪曲《わいきょく》した神話が復活すれば、再び民族意識が誤った方向に誘導される危機を孕《はら》んでいる。

歴史学者の直木孝次郎氏は、神話の条件として「神々の物語が、一部の人の創作ではなく広く民衆に支持され、宗教性と呪術性《じゅじゅつせい》をもつこと」(『日本神話と古代国家』講談社学術文庫)を挙げている。私もまったく同感である。前述したように、記紀の神話はこの条件とは真っ向から反撥《はんぱつ》するものである。しかし、批判的精神をもって見れば、記紀の中にも「広く民衆に支持され」た神話の一端を窺《うかが》うことはできる。また、「風土記」などの中には、さらに素朴な民衆的神話や伝承が収められていることが分かるだろう。

小著では記紀を中心に代表的な神話を紹介した。先《ま》ずは読み物としてそれらの神話を愉《たの》しんでいただきたい。その上で批判的精神をもって神話の世界を渉猟《しょうりょう》すれば、広く民衆に支持された神話の真の姿を読み取ることができるのではないか。そして、神話の真の姿に出会ったとき、民族のアイデンティティを確認することができると思う。「日本人のルーツは？」「日本人とは何者か？」という疑問にスッパリ答えることができ、世界に日本人の固有性を誇ることができるだろう。小著がその一助となり、そのように上手《うま》く運べば幸いである。

瓜生　中

平成十九年仲秋

第一章

神話についての基礎知識

◆神話とは何か

日本武尊《やまとたけるのみこと》(以下、ヤマトタケルという)は父の景行《けいこう》天皇の命により九州の熊襲《くまそ》を成敗し、凱旋《がいせん》して帰ると息をつく暇もなく東国遠征を命じられ、見事これを平定したと『古事記《こじき》』『日本書紀《にほんしょき》』(以下、「記紀」という)には語られている。思わず喝采《かっさい》を送りたくなるような、胸のすくような武勇談である。

しかし、第十二代景行天皇は邪馬台国《やまたいこく》の卑弥呼《ひみこ》(三世紀前半)よりも前の人ということになり、文字どおり神話の世界の人物でその実在は定かではない。そして、その第二皇子とされるヤマトタケルも同時代の人で、やはり神話上の人物だ。それではヤマトタケルの武勇談はまったく荒唐無稽《こうとうむけい》の作り話なのかといえば、そう簡単に決めつけることはできない。たしかに、話自体はフィクションである。しかし、そこにはフィクションの核となる史実が隠されている。

日本の歴史が現実味を帯びてくるのは、第三十三代、推古《すいこ》天皇(在位五九二〜六二八年)を中心とする飛鳥《あすか》時代(五三八〜六四五年、諸説あり)ごろからのことである。この時代に聖徳太子が推古天皇の摂政《せっしょう》として活躍し、「十七条の憲法」や「冠位十二階」などを定めて国家としての基盤造りに努力したことは良く知られている。さらに六四五年の「大化の改新」、さらには六七二年の壬申《じんしん》の乱を経て律令《りつりょう》制度が整備され、天皇を中心とする中央集権国家の基礎が確立する。

そして、七一〇年の平城京（奈良の都）遷都によって中央集権体制は磐石の構えを見せた。しかし、この時代に至っても中央政府が完全に支配し得たのは近畿《きんき》地方を中心とした地域で、大和《やまと》（奈良）から遠く離れた地方には中央に従わない勢力も少なくなかった。とくに、九州の熊襲《くまそ》や東国（北関東以北）の蝦夷《えみし》はまったく支配下に入らず、中央集権国家を脅かす存在だった。

つまり、熊襲や蝦夷を平定して、はじめて中央集権は磐石の一枚岩になる。両者の平定は中央政府の長年の懸案であった。このような状況は、記紀が編纂《へんさん》された八世紀の前半に至っても変わることはなかったのである。

そこで、記紀の編纂者はヤマトタケルという希代の英雄を創り出して見事に熊襲の首領を倒させ、凱旋すると休む暇もなく東国に向かわせてこの地を平定させた。記紀の編纂者たちはヤマトタケルというスーパーヒーローを登場させることによって、まつろわぬ者たちを鮮やかに服従させてみせた。

このような胸のすくような話は、中央政府の悲願を具現化したものでもあった。それと同時に、そういう話を流布することによって中央政府が磐石であることを喧伝《けんでん》する、いわゆるプロパガンダの役割もあったであろう。そして、この話からは中央集権国家の建設をめぐる光と影の部分を見て取ることができるのである。一見、荒唐無稽なフィクションに見える神話の中には、そのフィクションの核となる史実が隠されている。それが神話の真実、神話の原体験だ。

ヤマトタケルの話に関連して、もう一つ神話の原体験を紹介しておこう。東国に遠征する途中、ヤマトタケルは現在の静岡県焼津《やいづ》の付近で土地の豪族に襲われて九死に一生を得る。この話は記紀編纂当時、東国はおろか東海地方にも中央政府に叛旗《はんき》を翻す豪族がいたことを示すものであろう。この時代、全国各地にはまつろわぬ豪族たちが割拠しており、その対応に躍起となっている中央政府の姿が浮き彫りになってはこないか。このようにして神話を読み解いたとき、そこには現実の歴史の中で蠢《うごめ》く、生きた人間の姿が見え隠れする。

ちなみに、朝廷懸案の東国平定が一応の決着を見るのは、記紀の成立から約一世紀を経た、平安時代のはじめのことである。征夷《せいい》大将軍に任命された坂上田村麻呂《さかのうえのたむらまろ》が東国に遠征し、蝦夷を平定したことは良く知られている。

たしかに神話は一見、荒唐無稽な作り話のように見える。しかし、そこには神話のモデルとなった史実がある。歴史上の事実と神話をつき合わせて、想像をたくましくしたとき歴史の真実が鮮やかに蘇《よみがえ》ってくる。神話を否定して歴史を見れば、それは単なる事象の羅列になる危険がある。いっぽう、歴史を無視して神話を見れば、荒唐無稽の話になってしまう。

ところで、先に述べた東国遠征の話だが、坂上田村麻呂以降も朝廷は東国の統治に苦慮する。そこで、平安末期には源《みなもとのよりよし》頼義・義家《よしいえ》父子を派遣し、前九年《ぜんくねん》の役、後三年《ごさんねん》の役を経てようやく安倍《あべ》一族を滅ぼして、一応の決着を見たのである。しかし、それから一世紀を経ずして頼朝は鎌倉に幕府を開き、長きにわたった天皇と貴族の政治に終止符を打った。いっぽう、東国では安倍一族のライバルで義家と同盟を結んで戦った清原氏が実権を握り、これが後の奥州藤原氏となって独自の発展を遂げた。

そして、朝廷は東国を完全に掌握できないまま、弱体化したのであった。けっきょくのところ、東国を完全に平定したのは神話の世界でのことだったのである。

◆神話の代表『古事記』『日本書紀』

日本の神話はさまざまな書物に記されているが、何と言ってもその代表は『古事記』と『日本書紀』である。ともに奈良時代に日本の正史として編纂されたものだ。

『古事記』は天武《てんむ》天皇（第四十代。六七三〜六八六年在位）の詔勅によって、稗田阿礼《ひえだのあれ》が記憶していた神話や伝説を太安万侶《おおのやすまろ》が筆録したもので、和銅《わどう》五年（七一二）に完成し、元明《げんめい》天皇に献上された。

上・中・下巻からなり、上巻の「神代《かみよ》の巻」は天地創造から天照大御神《あまてらすおおみかみ》（以下、アマテラスという）などさまざまな神々にまつわる話が展開され、中・下巻の「人代《じんだい》の巻」には初代神武《じんむ》天皇から推古天皇（第三十三代。五九二〜六二八年在位）までの歴代天皇の系譜や事跡、各時代の事件などが記されている。このうち、主に神話が語られているのは上巻だが、中・下巻にも神話的な話が少なからず含まれている。

「天地開闢《てんちかいびゃく》」から始まる上巻には、イザナキ、イザナミが大八島国《おおやしまのくに》（日本列島）を造り、八百万《やおよろず》の神を生み出す物語。天照大御神の「岩戸隠れ」の物語や建速須佐之男命《たけはやすさのおのみこと》（以下、スサノオという）が出雲《いずも》に下った話。天孫瓊瓊杵尊《てんそんににぎのみこと》（以下、ニニギノミコトという）の降臨譚《こうりんたん》や大国主命《おおくにぬしのみこと》（以下、オオクニヌシという）の国譲りの話。さらには、海幸彦《うみさちひこ》、山幸彦《やまさちひこ》の物語など、馴染《なじ》みの深い神話が多く収録されている。

また、中巻には神武天皇の東征やヤマトタケルの物語などの神話的物語が記され、下巻の歴代天皇の事跡にも神話的要素が多く見られる。

次に『日本書紀』は天武天皇の十年（六八一）に詔勅が下され、養老《ようろう》四年（七二〇）に太安万侶《おおのやすまろ》らによって完成を見た。
『日本書紀』は全三十巻からなり、第一巻と第二巻は「神代の巻」で天地創造から神々の世が記され、第三巻以降は神武天皇から持統天皇《じとう》（第四十一代。六九〇〜六九七年在位）までの事跡を綴《つづ》ったもので、年代を追った編年体の形式で書かれている。『古事記』と共通する神話を多く収録するが、「一書《あるふみ》に曰く」として多くの異説を掲載しているのが特徴である。これはより多くの資料を集めて掲載したことを示すもので、同じ神話が地方や時代によって異なった形で伝承されていたことをあらわしている。

さて、記紀の編纂の目的は大化の改新（六四五）、壬申の乱（六七二）を経てようやく基礎ができた天皇を中心とする中央集権国家の基盤を固めるために、確固たる国の歴史を確立することにあった。そのため、記紀の神話には政治的な意図が多分に見られるが、『日本書紀』ではその色彩がより鮮明である。

記紀編纂当時、大和朝廷（天皇家）は中央集権国家の基盤を固めた。その朝廷の系譜が、皇祖神《こうそしん》（天皇家の祖先神）である天照大御神の御子の天孫瓊瓊杵尊以来、連綿と続いていることを明らかにし、大和朝廷の正統を主張することが記紀編纂の最大の目的だった。

神々の系譜では天照大御神をピラミッドの頂点に据え、各地に鎮座する神々はその支配下にあることを明確にした。そして、中央政府（大和朝廷）の最高権威である天皇は、代々皇孫の血筋として国を治め、他の豪族たちはこれに従うことが悠久の過去からの習わしであると主張したのである。

このことから、各地に点在する古社の祭神のなかには、記紀の神話において非常に不名誉な来歴を負わされている神も少なくない。たとえば、長野県の諏訪《すわ》大社の祭神の建御名方神《たけみなかたのかみ》（以下、タケミナカタという）はオオクニヌシの子どもだが、天孫に国を譲ることに激しく抵抗して天照大御神の使者の建御雷神《たけみかづちのかみ》（以下、タケミカヅチという）と戦った。しかし、強力な武力を持つタケミカヅチに一蹴《いっしゅう》され、信州まで逃走した。タケミカヅチに追い詰められて殺されそうになったが、タケミナカタは永遠に諏訪からは一歩も外に出ないから助けてくれと、命乞《ご》いをした。その結果、命だけは助けられて諏訪に留《とど》まることになったという（一一一頁を参照）。

このような不名誉な来歴を負わされた神々は他にも少なくない。第一、それまで地上の最高権威として君臨していたオオクニヌシも天孫に国を明け渡して出雲に引き下がることになった。前述したように、このような話はもちろん、皇祖神である天照大御神が絶大な権威を持ち、全国津々浦々の神々は遠い過去にその権威に服従したということを喧伝するためのものだったことは言うまでもない。

このように、記紀の神話には政治的な要素が多分にあり、当時、中央集権の基礎を固めつつあった政府の思惑によって脚色された部分が少なくない。ただ、『古事記』と『日本書紀』を比べれば、『古事記』の方がより純粋な神話的精神を追求したものであるということができよう。

『古事記』は太安万侶の序にもあるように、天武天皇が古代の貴重な伝承の散逸を恐れてこれを記録しようとしたものであり、そこには日本人のアイデンティティを確認しようとするより純粋な精神を垣間見《かいまみ》ることが出来る。

江戸時代の国学者、本居宣長《もとおりのりなが》（一七三〇〜一八〇一）はそのような『古事記』の純粋性に着目して、そこに日本民族のアイデンティティを見出《みいだ》そうとした。

◆『古事記』『日本書紀』以外の神話には何がある？

神話のスタンダードといえば、『古事記』『日本書紀』だが、その他にも各地の「風土記《ふどき》」や日本最古の歌集である『万葉集』、さらには各氏族に伝わる「家伝《かでん》」の中にも神話的要素が含まれている。

このうち、「風土記」は和銅六（七一三）年に元明天皇《げんめい》（第四十三代。七〇七～七一五年在位）の勅命によって編纂されたもので、五畿七道《ごきしちどう》（現在の近畿地方を中心とする地域）を中心とする各地の地名の由来や産物、土地の肥沃度《ひよく》、山川や原野などの名の由来、各地に伝えられていた神話や伝説などを盛り込んだ地誌である。記紀が中央政府の公式の歴史であるのに対し、「風土記」は地方の公式記録の性格を持つ。『出雲《いずも》国風土記』『常陸《ひたち》国風土記』『豊後《ぶんご》国風土記』『肥前《ひぜん》国風土記』『播磨《はりま》国風土記』などがある。このうち完全な形で残されているのは『出雲国風土記』だけで、他の風土記は一部分だけが伝えられている。記紀と「風土記」の神話には共通するものも少なからずある。一説に記紀が神話は神を主人公として語られているのに対し、「風土記」の神話は人間を主人公としているとも言われている。このような見方をすれば記紀の神話の中には「風土記」に語られている地方の史実を反映させ、それを普遍化したものも含まれていると言うことができる。「風土記」は神話と史実の関係を探る上で重要な資料を提供しているということができるのだ。

『万葉集』は仁徳《にんとく》天皇（第十六代。五世紀）の皇后の歌と伝えられるものから、淳仁《じゅんにん》天皇（第四十七代。七五八～七六四年在位）の時代までの四〇〇年余りの間に詠《よ》まれた約四五〇〇首の歌を収録している。天皇から庶民に至るまで幅広い階層の人々の歌が納められており、とりわけ庶民の歌の中には古代人の悲喜交々《こもごも》の感情を素直に吐露したものが多いといわれている。これらの歌の中にこそ神話を生み出した古代人の心が表出されているのであり、記紀の神話を理解する上で重要な資料になっている。

氏族の伝承である「家伝」としては『古語拾遺《こごしゅうい》』が重要である。これは大同《だいどう》二年（八〇七）に斎部広成《いんべのひろなり》が著した斎部氏の「家伝」である。古来、斎部氏は中臣氏《なかとみ》（後の藤原氏）と並んで、国家の祭祀《さいし》を司《つかさど》ってきたが、奈良時代以降、急速に勢力を拡大した中臣氏に押されて衰退した。これを歎《なげ》いた広成が斎部氏の勢力挽回《ばんかい》を図るために、当氏に伝わる伝承を記したものが『古語拾遺』である。

その内容は「国生み」から文武《もんむ》天皇（第四十二代。六九七〜七〇七年在位）までの事跡をつづり、国家の形成に果たした斎部氏の功績を力説して平城《へいぜい》天皇（第五十一代。八〇六〜八〇九年在位）に献上して当氏の再興を願った。

『古語拾遺』は古くから門外不出とされていた家伝に基づいているため、記紀の神話などには見られない多くの伝承を掲載している。正史には欠落した裏面史を埋める貴重な資料である。

このほか、『古事記』の序にも見える「帝紀《ていき》」や「旧辞《きゅうじ》」というものが、六世紀の中ごろ作られたらしい。前者は各天皇の即位から崩御にいたる皇室の記録であり、後者は天皇家に伝わる神話、伝説を収録したものとされる。これらの書物は現存しないが、それらの中にあった神話や伝説の一部が記紀の中に編入されている可能性は十分に考えられる。

◆神話にはどんな神々が登場するか？

神話には実にさまざまな神が登場する。ロシアの文豪トルストイの『戦争と平和』には六百人近い人物が登場するというが、おそらく神話に登場する神々はそれを上回るだろう。八百万《やおよろず》の神といわれる所以《ゆえん》である。このように多くの神々が登場するために、神話は読みづらいと訴える人も少なくない。

また、オオクニヌシのように、大物主神《おおものぬしのかみ》、大穴牟遅神《おおなむちのかみ》、葦原色許男神《あしはらしこおのかみ》、八千矛神《やちほこのかみ》、宇都志国玉神《うつしくにたまのかみ》など複数の名を持つ神もあり、さらには『古事記』と『日本書紀』の間で表記や呼び名が異なるものも少なくない。これも神話を読む上でのネックになるだろう。

本居宣長は主著の『古事記伝《こじきでん》』の中で「さて凡て迦微《かみ》（神）とは、古の御典等に見えたる、天地の諸の神たちを始めて、其を祀れる社に坐《い》ます御霊をも申し、又人はさらにも云わず、鳥獣草木のたぐい、海山など、其余何にまれ、尋常ならずすぐれたる徳のありて、可畏《かしこ》き物を迦微とは云なり」と述べている。

宣長によれば人間や自然現象、鳥獣草木や海山など、超自然的な力を持ち、畏敬《いけい》の念や何らかの霊威を感じさせるものはすべて神であるというのである。つまり、あらゆるところに名もない神々がいるというのである。今も日本では地方に行くと田んぼの畦道《あぜみち》などに御幣《ごへい》を挿しているのが見られるが、地元の人に聞いてもその神の名は知らない。このようなアニミズム（自然崇拝）的な神観念は世界中で見られ、それが多神教の原点だ。このような名もない神々がしだいに人格的な性格を帯び、特定の名前がつけられるようになってくる。これが記紀万葉や「風土記」などの神話に登場する神々で、その中でさまざまな働きをし、事跡を残した。それらの神々の事跡を語ったのが神話である。

ただし、記紀の神話の中に登場する夥《おびただ》しい数の神も、すべてが事跡を残しているわけではない。中には名前だけ挙げられている神も少なくなく、何らかの事跡を残してその性格の一端をうかがうことのできる神は二百柱《はしら》ほどである。しかも、アマテラスやスサノオ、オオクニヌシのように著しい活躍をする神となると、さらに数は絞られてくる。とはいっても神話の中には相当数の神々が登場し、複雑に絡み合ってストーリーを展開して行くのである。

記紀の神話に登場する主な神として先ず挙げられるのが、イザナキ、イザナミの二神である。日本の国土（大八島国）を完成し、多くの神々を生んだ。しかし、イザナミは最後に火の神を生んだことからホト（女陰）を焼かれて死に、黄泉国《よみのくに》（死の国）に赴く。妻の死を悲しんだイザナキは黄泉国を訪問するが、そこは醜い亡霊の棲む魔界だった。ほうほうの態《てい》で脱出したイザナキは黄泉国の穢《けが》れを払うために、川で禊《みそぎ》（水で身を清めること）をする。そのとき誕生したのがアマテラス、月読命《つくよみのみこと》（以下、ツクヨミという）、スサノオで、これら三神は後に天神、国神のリーダーとなる。アマテラスの岩戸隠れ、スサノオの高天原《たかまがはら》（天上界）での乱暴狼藉《ろうぜき》は記紀の神話の中でも有名な話である。

高天原を追放されたスサノオは出雲に天下り、そこで八俣大蛇《やまたのおろち》（以下、ヤマタノオロチという）を退治して櫛名田比売命《くしなだひめのみこと》と結婚して子孫を繁栄させる。そして、スサノオから数えて六代目の子孫がオオクニヌシである。オオクニヌシは因幡《いなば》の白兎《しろうさぎ》の話などで知られ、記紀の神話の中でもかなりのボリュームで語られている。

また、アマテラスから数代を経て日向《ひむか》（宮崎県）の高千穂峰《たかちほのみね》に降臨したのがニニギノミコトである。そして、ニニギノミコトが最初に見初めて結婚したのが、富士山の神として知られる木花佐久夜毘売命《このはなさくやびめのみこと》（以下、コノハナサクヤビメという）、その父親は日本の山の神の総元締めの大山津見神《おおやまつみのかみ》（以下、オオヤマツミという）である。

ニニギノミコトとコノハナサクヤビメとのあいだに生まれたのが、火照命《ほでりのみこと》（以下、ホデリノミコトという）と火遠理命《ほおりのみこと》（以下、ホオリノミコトという）で、ホデリノミコトは海幸彦、ホオリノミコトは山幸彦として知られる。

そして、山幸彦の孫にあたるのが、初代現人神《あらひとがみ》・神武《じんむ》天皇で、紀元前六六〇年、大和の橿原宮《かしはらのみや》（現在、奈良県の橿原神宮のあるところ）で初代天皇として即位した。神武天皇ははじめ、ニニギノミコトの降臨の地、日向にいたが、さらなる繁栄の地を求めて大和に向かった。これが神武天皇の東征で、橿原宮で即位するまでの壮絶な物語が展開される。

神武天皇以降は歴代天皇の系譜が続き、『古事記』は第三十三代推古《すいこ》天皇、『日本書紀』は第四十一代持統《じとう》天皇までの略記が記されている。中でも第十五代応神《おうじん》天皇あたりまでは、神話的な要素が濃厚である。

第十二代景行天皇の第二皇子がヤマトタケルで、熊襲《くまそ》平定や東国平定のストーリーが神話的タッチで語られている。また、第十一代垂仁《すいにん》天皇の皇女、倭比売命《やまとひめのみこと》（以下、ヤマトヒメという）は父の命に従って三種《さんしゅ》の神器《じんぎ》のうち、八咫鏡《やたのかがみ》と天叢雲剣《あめのむらくものつるぎ》（草薙《くさなぎの》剣《つるぎ》）をまつるのにふさわしい土地を求めて各地を巡歴し、現在の伊勢《いせ》神宮を最適の鎮座地として定めた（一九九頁を参照）。

さらに、第十四代仲哀《ちゅうあい》天皇の妃の神功皇后《じんぐう》は新羅《しらぎ》（朝鮮半島の一国）を平定した女傑。神功皇后の新羅遠征に従った武内宿禰《たけのうちのすくね》は第十二代景行天皇から第十六代仁徳《にんとく》天皇の五代の天皇に仕え、三百歳の寿命を保ったと伝えられている。

このほか、スサノオやオオクニヌシのように華々しい活躍をする神がいるいっぽうで、地味だが重要な役割をする神もいる。たとえば、宮城県の塩竈《しおがま》神社の祭神の一柱として知られる塩土老翁《しおつちのおじ》という神がいる。この神はいかにも貧相な老人であるが、神武天皇がさらなる繁栄の地を求めたときに、大和の地を教えるなど縁の下の力持ち的な役割をする。

このように、神話に登場する神々は実に多彩である。悪神もいれば、善神もいる。英雄もいれば、裏方もいて役者には事欠かない。それはまた、さまざまな人間模様が交錯する現実世界の反映とみることもできる。その認識をもって相対するとき、神話の神々はより身近な存在としてわれわれに迫ってくるのである。

◆天神《あまつかみ》と国神《くにつかみ》とは？

神話に登場する神々は、大きく天神と国神に分けることができる。本居宣長は『古事記伝』の中で、天神とは「天に坐《い》ます神、又天より降坐《くだりい》ませる神」、国神（地祇《ちぎ》）とは「此国に生坐《うまれいませ》る神」であると言っている。高天原に住む神や、ニニギノミコトのように高天原に生まれて地上に降りてきた神を天神といい、天孫降臨以前から地上に住んでいた神を国神という。

『古事記』では、天之御中主神《あめのみなかぬしのかみ》、高御産巣日神《たかみむすひのかみ》、神産巣日神《かむむすひのかみ》、宇摩志阿斯訶備比古遅《うましあしかびひこじの》神《かみ》、天常立神《あめのとこたちのかみ》の五柱《いつはしら》の神がこの世に最初に出現した天神で、「別天津《ことあまつ》神《かみ》」と言われ、とくに重視されている。次に国の根本である国之常立神《くにのとこたちのかみ》以下、大八島国《おおやしまのくに》（日本列島）を造ったイザナキ・イザナミ、そして、イザナキから生まれたアマテラスをはじめとする神々までが天神だ。

国神の代表はスサノオやオオクニヌシだ。スサノオは父のイザナキから地上を治めるように命じられたが、これに反発して高天原に昇って大暴れをした。このため、高天原を追放されたスサノオは出雲に降臨し、そこで櫛名田比売命《くしなだひめのみこと》と結婚して国神の元祖となった。そのスサノオから六代目の子孫がオオクニヌシで、国神のリーダーとして出雲大社に鎮座した。

　そして、天神を「天神《てんじん》」といい、国神を「地神（地祇）」と呼び、両者を合したものが「天神地祇」、いわゆる八百万《やおよろず》の神である。

　また、記紀の神話の中では天神は伊勢系の神、国神は出雲系の神という図式がある。つまり、天神は大和朝廷の奉祭するアマテラスをはじめとする支配階級の神であり、地神はそれに服従した被支配階級、すなわち各地の豪族が奉祭した神である。

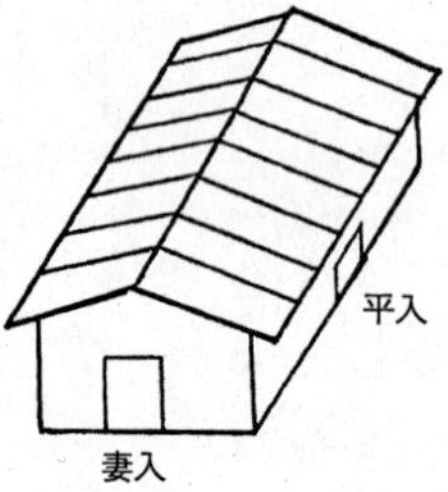

　ちなみに、天神と国神は社殿の様式で分かる場合が多い。つまり、どちらの神をまつるかによって、社殿の戸口《とぐち》（入口）の位置が異なるのだ。
　建物の戸口は、基本的には四方どの方角にもつけることができるが、神社の社殿の場合には戸口をどこに設けるかについて一定の決まりがある。たとえば、切妻《きりづま》造（図参照）の場合、屋根が山形になっている方を妻側《つまがわ》といい、屋根の頂上にある棟木《むなぎ》（屋根板のいちばん上にある水平の梁）に平行した方を棟側《むねがわ》といっている。

戸口を妻側に設けたものを「妻入《つまいり》」、棟側に設けたものを「平入《ひらいり》」と呼んでいる。そして、戦国時代ごろから国神は妻入にまつり、天神は平入にまつるという公式ができあがった。これは高天原治める天神の代表であるアマテラスが平入の伊勢神宮にまつられ、豊葦原中国《とよあしはらのなかつくに》（日本の美称）を治める国神の代表であるオオクニヌシが妻入の出雲大社にまつられていたことによるのである。

◆和魂《にぎみたま》と荒魂《あらみたま》とは？

日本の神には一つの神格に和魂と荒魂という二つの性格がある。和魂とは温和で優しい性格、荒魂は荒ぶる神と言われるような荒々しい性格である。これは一人の人間があるときには怒り、あるときには笑って温和な表情を見せるのと同じである。

『古事記《こじき》』の「神功皇后《じんぐうこうごう》の新羅征討《しらぎせいとう》」の段に、住江大神《すみのえのおおかみ》（住吉《すみよし》神社の祭神）が荒魂をもって皇后の軍勢の先頭に立って戦い、後には和魂をもって天皇に従順に仕えたと記されている。一説に荒魂は戦時や災害時にあらわれ、和魂は平常時の状態であるともいわれる。

また、日本の神は作法に従って丁重にまつれば、五穀豊穣などの幸いをもたらしてくれるが、非礼を働くと荒魂の性格を露《あらわ》にして人々に祟《たた》り、天変地異などを起こして荒れ狂うと考えられている。この神の怒りを鎮めるために行うのが鎮魂祭《ちんこんさい》である。たとえば、怨霊《おんりょう》として恐れられた菅原道真《すがわらのみちざね》の霊などは長年にわたって丁重に鎮魂祭が行われた。その結果、怒りは鎮まり、学問の神として人々に恩恵をもたらすようになったのである。さらに、荒ぶる神として知られるスサノオなども、誠意をもってまつれば幸いをもたらしてくれるが、礼を失すると大変なことになるのだ。

また、古くは洪水などの災害は神の祟りとして恐れられた。これらの災害は荒魂が引き起こすと考えられ、それを鎮めるために人間や動物の生贄《いけにえ》を捧《ささ》げる風習もあった。和魂と荒魂は同じ神の異なる性格で、ふつうは同じ神名の神が両面を持つ。しかし、中には一柱の神が別々の神名をもって別個にまつられている場合もある。

たとえば、奈良の大神《おおみわ》神社の祭神である大物主神《おおものぬしのかみ》（以下、オオモノヌシという）はオオクニヌシの荒魂であるが、オオクニヌシの和魂は出雲大社にまつられているのである。オオモノヌシは崇神《すじん》天皇（第十代）の時代に疫病を流行《はや》らせて人々に祟ったといわれている。温和で優しいオオクニヌシも、その荒魂は手厳しい。

また、伊勢神宮の内宮《ないくう》にはアマテラスの和魂を、外宮《げくう》には豊受大神《とようけのおおかみ》の和魂をまつっている。そして、両社には各々別宮を設けて内宮にはアマテラスの荒魂をまつる荒祭《あらまつり》宮《のみや》が、外宮には豊受大神の荒魂をまつる多賀宮《たかのみや》がある。

さらに、和魂には「幸魂《さきみたま》」と「奇魂《くしみたま》」という性格もある。前者は人々に幸いをもたらす神、後者は奇跡を起こす不思議な力をもった神である。大神神社の祭神の一つ少《すく》名毘古那神《なびこなのかみ》（以下、スクナビコナという）はオオクニヌシの幸魂・奇魂とされる。少彦名神はオオクニヌシの国造りを手伝ったからだの小さな神で、国造りの後に常世国《とこよのくに》に還《かえ》って行ったとされる。つまり、スクナビコナの例で言えば、幸魂、奇魂はタイミング良くあらわれて何くれとなく助力してくれるあり難い存在ということになる。

このように、一つの神霊に性質の異なる四つの魂が内在していることを、神道では「一霊四魂」と呼ぶ。一霊は「直毘神《なおびのかみ》」「直日神《なおびのかみ》」ともいわれるもので、罪過や穢《けが》れを離れた本来の姿の神霊で、その一霊が四つの異なる性格をあらわすことがあるというのである。ちなみに、この一霊四魂は人間についても言われる。

◆氏神《うじがみ》と産土神《うぶすながみ》とは？

日本では古くから、死者の霊は山に行き、山中をさまよって浄化された後に天界に昇って神となると信じられていた。これを祖霊といい、古くは生きている者と血縁関係にある先祖の霊が一定の期間を経て神となると考えられていた。

　太古より稲作を中心に農耕生活を営んできたわれわれの祖先は、血縁の氏族を中心に共同体（ムラ）を形成してきたが、それぞれの氏族は先祖の霊を氏神としてまつっていた。つまり、氏神とはもともと特定の氏族の守り神だったのである。

　いっぽう、各地には古くからその土地に棲《す》みついている神がいた。これらの神は山、川、樹木、または太陽や風雨などの自然現象を神格化したものである。このような人々の生活と密接に結びついた神を産土神と呼んだ。つまり、氏神とは氏族の血縁で結ばれていた神で、産土神とはその氏族が暮らす土地の地縁で結ばれた神なのだ。

　しかし、氏族が暮らす共同体（ムラ）の規模が大きくなると、血のつながりのない人々も同じ土地で暮らすようになる。彼らは地縁で結ばれた産土神を中心に同族の連帯を深めるが、同じ地域に長年暮らしていれば新たな血縁関係も生まれてくる。その結果、産土神が血縁で結ばれた氏神にもなる。

　このようなわけで、氏神と産土神は渾然《こんぜん》として信仰され、早い時期から両者の区別は明確ではなくなっていた。そして、後世、これらの神は一般には氏神と呼ばれるようになったのである。

　氏神は村々の鎮守の神としてまつられ、その神を信奉する村人たちが氏子《うじこ》と呼ばれるようになったのである。そして、時代が下ると氏族の中にはしだいに勢力をつけるものがあらわれて豪族となり、かれらのまつる氏神も強大な勢力を誇るようになった。

豪族たちは自らが信奉する氏神を他の氏族にも信奉するように薦め、あるいは強制的に信奉させた。その結果、有力な豪族を核として氏神はブロックごとに統一される傾向を生んだ。そして、これらの豪族の頂点に立ったのが六世紀に大和朝廷《やまと》を作り上げた天皇家で、天皇家が信奉していた守り神がアマテラスなのである。

すでに縄文時代の末期から稲作を中心とする農耕生活を営んでいた日本人にとって、太陽は稲の順調な成育のために不可欠の存在として崇《あが》められていた。多くのムラでこれを神格化した氏神や産土神が守り神としてまつられていたが、天皇家が最も重視していた神も太陽神で、これにアマテラスという名をつけて国家的な神としたのである。

◆神社と祭神とは？

仏教寺院には必ず本尊があるように、神社にも必ず祭神がまつられている。たとえば、伊勢神宮の祭神はアマテラス、出雲大社の祭神はオオクニヌシで、各地に点在するどの神社にもアマテラスやスサノオなどと、記紀でも有名な神が祭神としてまつられている。

しかし、それらの祭神は必ずしも、はじめからアマテラスやスサノオだった訳ではない。各地の神社の祭神のほとんどは前項で述べた氏神や産土神で、その土地で古くから信仰されていた、いわば土着の神だった。

八世紀に『古事記《こじき》』や『日本書紀《にほんしょき》』が編纂《へんさん》されると、アマテラスを中心とする神々のヒエラルキーが形成された。もともと『古事記』や『日本書紀』は、天皇家の祖神である天照大御神の正統性を主張するために編纂されたものだったのである。そして、全国の神社にまつられていた土着の神は、アマテラスやスサノオなど記紀の神話に登場する神の名前をつけられることになったのである。

たとえば、出雲大社の祭神も元来はこの地方に君臨した氏族が崇めていた神だった。しかし、記紀の神話が成立すると、この神は天孫瓊瓊杵尊《ににぎのみこと》が降臨したときに豊葦原中国《とよあしはらのなかつくに》(日本の美称)を譲って出雲に隠棲《いんせい》したということになる。しかも、スサノオから六代目の子孫ということになるのである。

全国の大多数の神社にまつられていた祭神は、もともと土着の氏神、産土神で、それらの神にアマテラスやスサノオという名がつけられても、村人たちにとっては古くから彼らの生活を見守り、助けてくれた素朴な氏神として信仰されたのである。

第二章

天地創造神話

◆天地の未だ分かれざるとき

太古、世界は未だ混沌《こんとん》としていて天地の境目も判然としなかった。その長い長い混沌たる状況に一点の曙光《しょこう》が差し、天地がおぼろげながら分かれた。これが天地開闢《かいびゃく》である。そのとき、最初の神である天之御中主神《あめのみなかぬしのかみ》（以下、アメノミナカヌシという）が生成し、次に高御産巣日神《たかみむすひのかみ》（以下、タカミムスヒという）、続いて神産巣日神《かむむすひのかみ》（以下、カムムスヒという）が出現した。

最初にあらわれた三柱の神は世界創生の基《もとい》を造った神で、「造化《ぞうか》三神」と呼ばれている。アメノミナカヌシは天界の中心にいて、天地を主宰する神であるという。次にタカミムスヒとカムムスヒはそれぞれ生産と生成を司《つかさど》る神である。つまり、アメノミナカヌシが先ず天地の混沌とした状態を打ち破り、続いて出現した二神が国土生成の基盤を作ったということができよう。

造化三神はいわば国土のエレメントを造ったが、国土がまだ若くて固まらず、水に浮いた油のような状態でクラゲのように漂っていた。その中で生まれた神が宇摩志阿斯訶備比古遅神《うましあしかびひこじのかみ》（以下、ウマシアシカビという）で、葦《あし》の芽が泥沼から生え出るように力強く生成したという。そして、このウマシアシカビの次に生まれたのが天之常立神《あめのとこたちのかみ》（以下、アメノトコタチという）である。「常立」とは永遠に存在するという意味で、天の永遠性を神格化したものと考えられている。

以上の五柱の神はみな独神《ひとりがみ》（単独で生成した神）で、姿形を現すことはなかったという。しかし、これらの神々が天地の基礎を造り、そこから国造りがはじまったのである。このことから、この五柱の神は「別天津神《ことあまつかみ》」（以下、アマツカミとする）と呼ばれ、天津神（天界に住む神）の中でもとくに重視されているのである。

◆神世七代の神

アマツカミの次に生まれたのが国之常立神《くにのとこたちのかみ》（以下、クニノトコタチという）、その次に生まれたのが豊雲野神《とよくもののかみ》（以下、トヨクモノという）である。この二神も独神で姿形を現さなかったが、国土が形成される基礎を造った神として重要である。また、クニノトコタチは先の別天津神の一神であるアメノトコタチに対する神で、国土の永遠性の象徴である。

そして、この二神の後に、宇比地邇神《うひじにのかみ》（以下、ウイジニという）、妹須比智邇神《いもすいじにのかみ》、角《つの》杙神《ぐいのかみ》、妹活杙神《いもいくぐいのかみ》、意富斗能地神《おおとのじのかみ》、妹大斗乃弁神《いもおおとのべのかみ》、於母陀流神《おもだるのかみ》、妹阿夜訶志古泥神《いもあやかしこねのかみ》の八柱の神が相次いで生まれる。これら神は男女ペアの神だが、御子神《みこがみ》（子どもの神）を生むことはなかったとされている。

そして、上の八柱の神に続いて誕生したのが伊邪那岐神《いざなきのかみ》（以下、イザナキという）と妹伊邪那美神《いもいざなみのかみ》（以下、イザナミという）である。この二神が最初の夫婦の神で、大八島国《おおやしまのくに》（日本列島）を生み、続いてその国土の経営に当たる数々の神々を生むことになる。

クニノトコタチからイザナミまでに十二柱の神が出現したが、クニノトコタチとト

神世七代まで

①国之常立神《くにのとこたちのかみ》——②豊雲野神《とよくものかみ》

③宇比地邇神《うひじにのかみ》
妹須比智邇神《いもすひじにのかみ》

④角杙神《つのぐいのかみ》
妹活杙神《いもいくぐいのかみ》

⑤意富斗能地神《おおとのじのかみ》
妹大斗乃弁神《いもおおとのべのかみ》

⑥於母陀流神《おもだるのかみ》
妹阿夜訶志古泥神《いもあやかしこねのかみ》

⑦伊邪那岐神《いざなきのかみ》
妹伊邪那美神《いもいざなみのかみ》

ヨクモノはそれぞれ一世代、それ以降の男女ペアの神は二柱を一世代とする。そこで、クニノトコタチからイザナミまでは七代を経過したことになる。このことから、この時代を「神世七代《かみよななよ》」または「天神七代《あまつかみななよ》」という。この時代に至って国土が整い、その経営の基盤ができたのであるが、中でもイザナキ、イザナミの両神は八百万の神を生んだ大功労者として良く知られている。

カオスが世界の始まり

インドの神話では混沌《こんとん》とした状態（カオス）の中にヒラニヤガルバという卵のようなものが現れ、それが混沌を打ち破って世界が造られたとされている。このように、世界の始まりがカオスだったという話は世界各地の神話に見られるが、記紀の神話でも造化《ぞうか》三神がカオスを打ち破るところから始まる。

造化三神のうち、タカミムスヒは高天原《たかまがはら》系の神で皇祖・天照大御神《あまてらすおおみかみ》（以下、アマテラスという）の根元、カムムスヒは出雲《いずも》系の神で国神《くにつかみ》の代表である大国主神《おおくにぬしのみこと》（以下、オオクニヌシという）の根元と考えられている。そして、これら二神を統合するのがアメノミナカヌシで、まさに万物の根元というべき神である。

造化三神の次に生まれたウマシアシカビは、一日に一〇センチ以上も生長するという葦の生命力を神格化したもの。そして、神世七代の二番目のトヨクモノは葦原が繁茂して広がって行く様子を神格化したものと考えられている。

日本の美称（古称）を「豊葦原中国《とよあしはらのなかつくに》」というように、かつて日本の水辺にはどこにでも美しく繁茂した葦原が見られ、その葦原を象徴するウマシアシカビとトヨクモノは、まさに日本の原風景の神格化とも言える。

そして、青々と茂った葦は豊作を約束してくれる豊かな稲に見たてられた。「豊葦原瑞穂国《とよあしはらのみずほのくに》」と言われる所以《ゆえん》である。瑞穂はみずみずしい稲穂の意味で、五穀豊穣が約束された国といった意味合いがあろう。古代人は豊かな葦原から豊かな国を連想したのである。

別天津神《ことあまつかみ》とクニノトコタチ、トヨクモノまでの七柱の神々によって国土の基礎は固まった。そして、その後に生まれた八柱の神々がさらに国土の細部を整え、いよいよイザナキ、イザナミが本格的な国造りをはじめることになる。

◆国造りに着手したイザナキとイザナミ

造化三神をはじめとするアマツカミ一同は、神世七代の最後に生まれたイザナキ、イザナミに「漂っている国土を整え、作り固めよ」と命じて天沼矛《あめのぬぼこ》という神聖な矛を渡した。

この命に従って二神は天地の間に架かる「天浮橋《あめのうきはし》」に立ち、「天沼矛」を静々と下ろしてクラゲのような国土が漂っている海をかき回した。そして、ゆっくりと矛を挙げると、その先から塩水が滴り落ち、それが積み重なって島となった。

これが日本の最初の国土であるオノゴロ島である。オノゴロ島という名は自ずから塩が凝り固まってできた島という意味である。また、二神が天沼矛で海をかき回すときに「コオロ、コオロ」という掛け声を掛けたことにちなむともいう。

イザナキ、イザナミはこの生まれたばかりの島に降り立って、神聖な柱を立て、広い八尋殿《やひろどの》という壮麗な御殿を建てた。

イザナキ、イザナミについて

二神に共通する「イザナ」という語は「誘《いざな》う」の語幹であると考えられており、「キ」は男性、「ミ」は女性の意味である。つまり、男女が誘い合って子宝に恵まれることを暗示した神名で、生殖や生産を象徴する神だ。神世七代の最後に登場するが、その起源は極めて古いと考えられている。記紀の神話はイザナキ、イザナミからが本番で、造化三神からイザナキまでの話は、両神を導き出すための序章と考えることができる。ちなみに、今でも両神は夫婦和合、子孫繁栄の神としても信仰されている。

神聖な柱

神聖な柱というのは、神の依代《よりしろ》（神が降臨するところ）となる重要なものである。伊勢神宮の本殿の中心には「心御柱《しんのみはしら》」と呼ばれる直径約二七センチ、高さ約一八〇センチの柱が、御神体の八咫鏡《やたのかがみ》の真下にある。祭神のアマテラスはこの柱に降臨すると考えられており、二十年に一度の式年遷宮《しきねんせんぐう》のときには、先ずこの柱が立てられる。

伊勢神宮の古殿地に建てられた、心御柱を立てる穴を覆う小屋

　また、京都の上賀茂《かみがも》神社では例祭の葵《あおい》祭《まつり》（五月十五日）に先だって、五月十二日に「ミアレ神事」と呼ばれる神迎えの神事が行われる。その際、背後の樹林の中のミアレ所という神聖な場所に「アレ木」という二メートルほどの丸太が立てられ、その丸太に祭神が降臨すると考えられている。

　このように柱は神霊の依代として極めて重要な意味を持つ。神の数を数えるのに「一柱《ひとはしら》」「二柱《ふたはしら》」というのもここから来ているのである。

　できたばかりのオノゴロ島に柱を立てることで、そこが聖域であることを示したものと考えられる。そして、この柱を依代として多くの神が生まれることを予感させるものでもある。

ところで、伊勢神宮には隣合わせにほぼ同じ広さの敷地があり、二十年に一度の式年遷宮ごとに、その敷地に交互に本殿が建てられる。つまり、現在、内宮《ないくう》や外宮《げくう》の本殿は向かって右側の敷地に建てられているが、平成二十六年の式年遷宮では現在、古殿地《こでんち》と呼ばれている左側の敷地に本殿が建てられる。

現在の古殿地の中央には小さな板張りの小屋のようなものがある。そして、この小屋の下に心御柱を立てる穴があるのだ。次の式年遷宮まで、神聖な柱を立てる穴に塵《ちり》やゴミなどが入らないように厳重にガードするのである。これをみれば、依代としての柱がいかに重要なものかが分かるだろう。

◆はじめての夫婦の交わり

イザナキはイザナミに「お前の身体はどのようにできているのだ」と尋ねた。するとイザナミは「私の身体はほとんど成長しておりますが、未だ不完全なところ（女陰）が一か所あります」と答えた。これを聞いたイザナキは「私の身体も成長しきっているが、成長しすぎたところ（男根）が一か所ある。それでは、私の身体の成長しすぎたところで、お前の身体の不完全なところにさし塞《ふさ》ぎ、国土（や神々）を生もうと思うが、どうだろうか」と言う。これに対してイザナミは「それは結構なことでございます」と答えた。そこで二人ははじめて夫婦の交わりを行うことになった。

そして、イザナキは「それでは先ず、先に立てた神聖な柱の周りを二人で（逆方向に）回り、出会ったところで契《ちぎ》りを交わそう」と言った。さらに、「お前は右から回りなさい。私は左から回ります」と言って柱の周りをそろそろと回り始めた。そして、中ほどで出会ったときイザナミが、「ああ！　なんて素晴らしい男性なんでしょう！」と感嘆の声を上げ、その後でイザナキが「おお！　なんと素晴らしい少女だろう」と言った。

このとき、イザナキは女性の方から先に声を掛けたことに不快感を示し、イザナミを諌《いさ》めたが、そのまま夫婦の契りを交わし、やがて、最初の子が生まれた。しかし、その子はクラゲのような骨のない子どもで、三年経っても足が立たなかった。そこで、この子を葦舟に乗せて海に流してしまった。そして、次に淡島《あわしま》という島を生んだが、これも未熟だったため子どもの数には入れなかった。

二人続けて未熟な子を生んだ二神はいったん国生みを中断して、高天原に上りアマツカミの意見を聞くことにした。二神がアマツカミに国生みの経緯を詳しく報告したところ、アマツカミは太占《ふとまに》(鹿の肩甲骨を焼いてそのヒビの入り方で物事を占う古来の占い)を行ってその理由を占った。その結果、アマツカミは「女性の方から先に声を掛けたのが原因だ! 帰ってもう一度やり直しなさい」と告げた。

そこで、今度はイザナキの方が先に声を掛けることに決めて、交わりを仕切り直した。そして、最初に生まれたのが淡路之穂之狭別島《あわじのほのさわけのしま》(淡路島)だった。そして、次に生んだのが伊予之二名島《いよのふたなのしま》(四国)、隠岐島《おきのしま》、筑紫島《つくしのしま》(九州)、壱岐島《いきのしま》、対馬《つしま》、佐渡島《さどのしま》を相次いで生み、最後に大倭豊秋津島《おおやまととよあきづしま》(大和国)を生んだ。イザナキ、イザナミによってこれら八つの島が先ず生まれた。そこでわが国を大八島国《おおやしまぐに》と呼ぶのである。

イザナキ、イザナミは大八島国に続いて、吉備児島《きびのこじま》(岡山県南部、小豆島の西にある児島半島。かつては島だったことが知られている)、小豆島《あずきしま》(瀬戸内海の小豆島)、大島(山口県の大島と推定されている)、女島《ひめしま》(国東半島《くにさき》の北にある姫島と目されている)、知訶島《ちかのしま》(長崎県の五島《ごとう》列島)、両子島《ふたごのしま》(五島列島南部の男女群島)の六つの島を生んだ。

夫唱婦随《ふしょうふずい》

二人続けて未熟な子どもが生まれたのは、女神であるイザナミがはじめに声を掛けたことが原因だとされている。つまり、女性から先に声を掛けるというはしたない行為の結果だというのである。このように断じた根拠は中国の「夫唱婦随」の観念にあるという。夫唱婦随とは夫が声を掛けて妻がそれに従うという意味で、男子の圧倒的優位を説く儒教思想の中に見える。

儒教は仏教伝来以前にわが国に伝えられていたと考えられ、聖徳太子（五七四〜六二二。ただし、他説あり）の「十七条の憲法」なども仏教精神よりも儒教の精神に重きが置かれている。聖徳太子は仏教の精神によって民心の安定を計る一方、儒教倫理によって国家を統制しようとしたのである。

儒教思想は主従、長幼、男女などの序列を明確にし、その序列を厳格に守ることによって個人が修まり（修身）、個人が修まることによって家庭が治まり（斎家）、家庭が治まることによって国家が治まる（治国）。そして、国家が治まることによって全世界が平和裏に治まる（平天下）ということを説く。つまり、為政者にとって理想の思想である。

大化の改新以降、中央集権化を推し進めた大和朝廷にとって、儒教思想の喧伝《けんでん》普及はいわば至上命令でもあった。前にも述べたように、記紀の神話は大和朝廷による中央集権体制を支える精神的支柱としての性格が強かった。そこで、イザナキ、イザナミの国造りを敢えて不適切な形でスタートさせた。その結果、不完全な子が生まれたが、それをやり直すことによって国造りは順調にスタートを切り直した。つまり、国造りが順調に戻ったのは、夫唱婦随の儒教倫理に従ったからである。記紀の神話の中には、このような儒教倫理を暗示したものが少なくない。

セキレイ

男女の交わりはセキレイに習った？

『書紀』の一書《あるふみ》（異説）にはイザナキ・イザナミの最初の夫婦の交わりについて次のような話が語られている。両神が聖なる柱の周りを回り、夫婦の交わりをしようとした。ところが、なにせ天地開闢《かいびやく》直後で誰もそんな経験をしたことがない。二人はどうしたら良いものかと途方に暮れていた。

　ちょうどそのとき、近くにセキレイのつがいがやって来て、間もなく交尾をはじめた。

二神はセキレイの交尾を真似て、無事に夫婦の交わりを終えることができたというのである。

中国ではセキレイが男女の道を教えたという説話が流布しており、日本でも婚礼の装飾に雌雄のセキレイをあしらったものを添える習慣があった。

◆イザナキ、イザナミが生んだ神々

イザナキ、イザナミは国生みに続いて、山川草木《さんせんそうもく》を司《つかさど》る多くの神々を生んだ。中でも後の神話のストーリーの展開に重要な役割を果たすのが大綿津見神《おおわたつみのかみ》（以下、オオワタツミという）である。オオワタツミは大海原を統治する海神で、その娘の豊玉毘売《とよたまびめ》命《みこと》は山幸彦《やまさちひこ》と結婚して鵜葺草葺不合命《うがやふきあえずのみこと》（以下、ウガヤフキアエズという）を生んだ。そして、そのウガヤフキアエズの子どもが、初代現人神《あらひとがみ》、神武天皇である。つまり、オオワタツミの曾孫が神武天皇で、神話上、大和朝廷の基を作った天皇としても重要な地位を占めるのである。

また、イザナキ、イザナミはオオワタツミの後に大山津見神（以下、オオヤマツミという）を生んだ。この神は山を支配する神で、後に足名椎命《あしなづちのみこと》（以下、アシナヅチという）、手名椎命《てなづちのみこと》（以下、テナヅチという）、木花知流比売命《このはなのちるひめのみこと》、石長比売命《いわながひめのみこと》、木花開耶毘売命《このはなのさくやびめのみこと》（以下、コノハナという）などの神々を生んだ。

このうち、アシナヅチ、テナヅチの娘が櫛名田比売命《くしなだひめのみこと》（以下、クシナダヒメという）で、ヤマタノオロチの生贄《いけにえ》になるところを建速須佐之男命《たけはやすさのおのみこと》（以下、スサノオという）に助けられ、スサノオと結婚した。また、コノハナは天孫瓊瓊杵尊《ににぎのみこと》（以下、ニニギノミコトという）に見初められて結婚し、後に富士山の神として崇められている。

このほかにイザナキ、イザナミは風の神、木の神、野の神などさまざまな神々を生んだ。そして、神生みもいよいよ佳境に入ったところに火之迦具土神《ひのかぐつちのかみ》（以下、ヒノカグツチという）という火の神を生んだ。このとき、母のイザナミはホト（女陰）を焼かれて重傷を負う。その結果、病の床に伏したイザナミは間もなく亡くなってしまう。

イザナキは「愛《いと》しい妻がただ一人の子どものために犠牲になるとは思いもよらなかった」と言って、イザナミの枕辺や足元にひれ伏して号泣した。我が子とはいえ、最愛の妻を死に至らしめたヒノカグツチに憎悪の念を募らせ、ついに腰に着けていた十《と》拳剣《つかのつるぎ》を抜いて斬り殺してしまった。

そして、イザナミの遺骸《いがい》は出雲国（島根県）と伯耆国《ほうき》（鳥取県）の境にある比婆《ひば》の山に葬られた。

イザナミの二つの墓

前述したように『古事記』ではイザナミは出雲国と伯耆国の境にある比婆の山に葬られたと記されている。この伝承の地は現在の鳥取県と広島県の県境に位置する比婆山連峰の中の比婆山（一二四〇メートル）とされている。

一方、『日本書紀』の一書ではイザナミは紀伊《きの》国《くに》（和歌山県）熊野の有馬《ありま》村に葬られたと伝えている。熊野三山にも近い有馬町には高さ七〇メートルに達する巨岩が聳《そび》え、その基部にイザナミを祭神とする花窟《はなのいわや》神社という神社がある。

花窟神社の巨岩

◆黄泉国《よみのくに》を訪問したイザナキ

多くの神々を生んだイザナミは、最後に火の神、ヒノカグツチを生んだために命を落とすことになった。この世を去ったイザナミは黄泉国(死者の国)に行った。そして、妻を失って一人残されたイザナキは深い悲しみに沈んだ。しばらくの間、悶々《もんもん》とした日々を過ごしたイザナキは、ついにイザナミの行った黄泉国を訪問することを決意する。

暗く長いトンネルをほとんど手探りで進んだイザナキは、黄泉国の御殿に至った。すると、イザナキの気配を察したのか、固く閉ざされた御殿の入口の扉が開き、中からイザナミが出迎えた。闇の中でその姿は見えなかったが、兎《と》にも角《かく》にもイザナキは再会を喜び、もう一度、現世に帰って国造りに励もうと、イザナミを誘う。これに対してイザナミは、そうしたいのは山々だが、自分はすでに黄泉国の食事を食べて、黄泉国の者となってしまった。せめて、黄泉国の食事をとる前に来てくれれば方策もあっただろうに、今となっては難しい。

しかし、愛する夫がわざわざ訪ねて来てくれたので、自分も何とかしたい。ついては今一度、現世に戻れるかどうか黄泉国の王と相談してくるからしばらく待つように。そして、待っている間は決して御簾《みす》の中を覗《のぞ》かないようにときつく戒めて再び黄泉国の御殿の中に入って行った。

イザナキは錯綜《さくそう》する期待と不安の中でややしばらく待った。しかし、いくら待ってもイザナミは出てこない。痺《しび》れを切らしたイザナキは、髪に挿していた神聖な爪櫛《つまぐし》の太い歯を一本とって、これに火を灯《とも》し、扉を押し開けて御殿の中を覗いた。すると、そこには無数の蛇やウジがたかったイザナミの醜い姿があった。

変わり果てたイザナミの姿を目の当たりにしたイザナキは、まさに百年の恋も冷める心地で慌てて逃げ出した。いっぽう、イザナミは決して覗いてはならないときつく戒めたにもかかわらず、醜い姿を見られたことに激怒し、黄泉国の醜女《しこめ》（手下）たちを遣わして追いかけさせた。

◆黄泉国からの脱出劇

イザナキは逃げながら、髪飾りをとって投げつけた。すると、たちまちたくさんの山葡萄《やまぶどう》の実が生《な》った。山葡萄を見つけた黄泉国の醜女たちは、それを採って貪《むさぼ》るように食べた。その間にイザナキはひたすら逃走したが、醜女たちは山葡萄を食べ終わると再び猛然と追いかけて来た。

そこで、イザナキは髪に着けていた神聖な爪櫛をとって投げつけた。すると、今度はたちまち筍《たけのこ》がニョキニョキと生え出てきた。醜女たちはまたしてもその筍を貪り食った。その間にイザナキは必死に逃げた。

すると、今度はイザナミは八種の雷神に、千五百人に及ぶ黄泉国の軍勢を従わせて追跡させた。イザナキは身に着けていた十拳剣《とつかのつるぎ》を後ろ手に握り締めて振りながら追っ手を撃退した。しかし、なにしろ多勢に無勢だ。追い払っても追い払っても、追っ手は執拗《しつよう》に食い下がる。

それでもなんとか追い払いながら逃げ続けたイザナキは、ついにあの世とこの世の境にある黄泉比良坂《よもつひらさか》の下までやって来た。あと一息でこの世に帰ることができるところまで来た。束《つか》の間《ま》、呼吸を整えたイザナキは一気に黄泉比良坂を上って脱出しようと考えた。しかし、まだまだ大軍は追跡の手を緩める気配はない。そのとき、傍らの桃の木にたわわに実が生っているのが目に入った。イザナキは夢中で桃の実を三つもぎ取って黄泉国の軍勢目掛けて投げつけた。すると、あれほど執拗に追跡してきた黄泉国の軍勢はことごとく退散してそれ以上は追いかけてこなかった。桃の実には邪悪なものを撃退する霊力があったのだ。

しかし、イザナキが黄泉比良坂を上り始めたとき、後ろからイザナミが猛然と追ってきた。イザナキは最後の力を振り絞って黄泉比良坂の上に至り、そこにあった千引《ちびき》の石という、千人掛かりでやっと動かすことのできるような巨大な岩で黄泉国の入口を塞《ふさ》いでしまった。行く手を阻まれたイザナミは、「愛しいわが夫がこんな無体なことをなさるのなら、私はあなたの国（現世）の人々を一日に千人ずつ絞め殺してやりましょう！」と、叫んで地団駄を踏んだ。

いっぽう、すでに黄泉国から脱出したイザナキは、「愛しいわが妻よ！　あなたがそんなことをするというのなら、私は一日に千五百の産屋《うぶや》を建てましょう（つまり、千五百人の子どもが生まれるようにすること）！」と言って、応酬した。

以降、この世では一日に必ず千人の人が死に、千五百人の人が生まれるようになった。

古墳の内部を彷彿《ほうふつ》とさせる黄泉国

黄泉国はヨモツクニとも読み、死者の赴く闇黒の世界のことである。イザナキが亡き妻イザナミを慕ってここを訪れるという話は、古代には肉親を埋葬した後に、近親者がその遺骸《いがい》を見に行く風習があったことを背景にしているとも言われている。なぜ、そのような風習があったかはハッキリしたことは分からないが、あるいは死者が復活して亡霊のようにさまようことを恐れたのかもしれない。

いずれにしても古代には実際に遺骸を検分するために古墳の中に入った人がいた。黄泉国の光景はそんな人たちの体験がモデルになっているように思われる。黄泉比良坂は古墳の入口からの傾斜を示し、そこから続く漆黒のトンネルの奥には石室がある。黄泉国の御殿は古墳内の石室で、その中の石棺《せっかん》に遺骸が納められている。遺骸を検分に行った近親者はわずかな灯《あか》りをともし、勇を鼓《こ》して石室の内部に入り、石棺の蓋《ふた》を開ける。

その瞬間、近親者は凄《すさ》まじい恐怖にとらわれて一目散に逃げ出す。途中、怨霊《おんりよう》が追いすがって来る妄想にとらわれ、身に着けているさまざまなものを投げつけたり、剣を振り回したりして怨霊を振り払おうとする。イザナキの逃走劇にはそんな古代人の実体験が反映されているのではないか。

黄泉国の食事

仁徳陵

イザナミは黄泉国の食事をとってしまったので、現世に帰ることはできないといった。黄泉国の窯《かま》で煮炊きしたものを食べることを「黄泉《よもつ》戸喫《へぐい》」といい、古くから、同じ窯で煮炊きしたものを食べることによって、より親密な関係になるという思想があったことを示すものだ。

祭のときに直会《なおらい》という行事があるが、これも黄泉戸喫と同じ思想に基づくものだろう。これは基本的には神前に供えた食べ物（神饌《しんせん》）のお下がりを祭に関わった氏子《うじこ》などがともに食べる行事だ。これを民俗学の言葉で「神人供食《しんじんきょうしょく》」という。つまり、神と人間が同じものを食べることによって、親密な関係になった神の加護を願い、一方、氏子たちも同じものを食べることで強固なアイデンティティを確認するのである。

また、最近ではあまり言わなくなったが、

「同じ釜《かま》の飯を食った仲」などというのも同じ思考から来たものだ。

桃の実

古来、中国では桃の実は仙人の食べ物とされ、邪悪なものを退散させる霊力があると信じられていた。だから、イザナキが桃の実を投げつけると、邪悪な黄泉国の軍勢は一斉に逃げて行ったのだ。そして、最後にイザナキは、桃の実に向かって「お前が私を助けてくれたように、葦原《あしはら》の中国《なかつくに》に生きる現世の人々が苦しみ悩んでいるときには助けてやってくれ！」と言い、桃の実にオオカムヅミノ命という神名を与えた。

◆禊祓《みそぎはら》いと貴《とうと》い三柱《みはしら》の神の誕生

黄泉国から無事に生還したイザナキは、「私はなんとも言い難い穢《けが》らわしい国に行ってしまった。先ずはどこか水辺に行って身を清めなければならない！」と言って、筑紫《つくし》の日向《ひむか》の橘《たちばな》の小門《おど》の阿波岐原《あわきはら》（空想上の地）というところの川に行った。

川辺についたイザナキは手にした杖《つえ》や、身に着けていた装身具、さらには衣服を次々と傍らに投げ捨て、裸になって水に入る準備をした。このとき、投げ捨てた衣服や装身具から次々と神が生まれた。杖から生まれた船戸神《ふなどのかみ》や褌から生まれた道俣神《ちまたのかみ》など合わせて十二柱の神が生まれた。

準備を整えたイザナキは川辺に立って見渡して「上流は流れが速い。下流は流れがおそい」と言い、川の中流から水中に入った。そして、身の穢れを洗い清めはじめたときに、八十《やそ》禍津《まがつ》日神《ひのかみ》と大禍津《おおまがつ》日神《ひのかみ》という二柱の神が生まれた。

これら二神は黄泉国で触れた穢れから生じた悪しき神だった。そこで、イザナキはその「禍」、すなわち黄泉国で遭遇したさまざまな厄を祓おうとした。そのとき、神《かむ》直毘神《なおびのかみ》、大直毘神《おおなおびのかみ》、そして、伊豆能売《いずのめ》という三柱の神が生まれた。この三柱の神は災い（穢れ）を、それを被《こうむ》る前の状態に改め直してくれる神である。

三柱の神によって穢れを祓ったイザナキは思いきって川の底に潜って身を清めた。そのとき、川の底で底津《そこつ》綿津《わたつ》見神《みのかみ》（以下、ソコツワタツミという）が生まれ、続いて底筒之《そこつつの》男命《おのみこと》（以下、ソコツツノオという）が生まれた。次に水中の中ほどで身を清めたときには、中津《なかつ》綿津《わたつ》見神《みのかみ》（以下、ナカツワタツミという）、続いて中筒之《なかつつの》男命《おのみこと》（以下、ナカツツノオという）が、さらに水面付近で身を清めると表津《うわつ》綿津《わたつ》見神《みのかみ》（以下、ウワツワタツミという）と表筒之男命《うわつつのおのみこと》（以下、ウワツツノオという）が相次いで生まれた。

これら六柱の神はみな海を守護する神で、ソコツワタツミ、ナカツワタツミ、ウワツワタツミの三柱の神は阿曇連《あずみのむらじ》（福岡県の志賀島《しかのしま》を本拠とした海人《あま》系の豪族）の祖先。ソコツツノオ以下の三柱の神は墨江《すみのえ》（大阪住吉区の住吉神社）の三神である。

さて、水面に出たイザナキは顔を拭《ぬぐ》った。そして、左の目を洗ったときに生まれたのがアマテラスである。次に右目を洗うと、月読命《つくよみのみこと》（以下、ツクヨミという）が、最後に鼻を洗ったときにはスサノオが生まれた。この三柱の神の誕生をいたく喜んだイザナキは「私は多くの神を生んだが、最後にかくも貴《とうと》い三柱の子を生んだ！」と言い、これらの神を「三貴子《みはしらのうずのみこ》」と呼んで特別に尊んだ。

そして、イザナキは自分が身に着けていた首飾りを手に取ってゆらゆらと揺らしながらアマテラスに授け、「お前は高天原《たかまがはら》（天界）を治めなさい！」と命じた。次にツクヨミに向かって「お前は夜の世界を治めなさい」と命じ、最後にスサノオに「お前は海原を治めなさい」と命じた。

このように父に命じられた三柱の神はそれぞれの任地に赴くことになったのだが……。

禊祓《みそぎはら》い

黄泉国の穢れに触れたイザナキが水で身を清めたのが禊祓いの起源であると言う。水の浄化力によって罪や穢れ、災いを祓うという宗教儀礼は世界の広い地域で行われている。たとえば、インド人がガンジス川で沐浴《もくよく》するのも禊と共通する宗教儀礼と考えられる。

後世、日本の神社や寺院には手水舎《てみずや》を設け、そこで手を洗い、口を漱《すす》ぐ作法が一般化した。これは略式の禊祓いで、何よりも穢れを嫌う神を拝するにあたって、先ずは身を清めることが必要だったのである。

神社に設けられた手水舎

◆命令に従わなかったスサノオ

イザナキが最後に生んだ三貴子のうち、アマテラスとツクヨミは父の命に従ってそれぞれの任地（高天原と夜世界）に赴いた。しかし、末の弟のスサノオだけは復命せず、顎鬚《あごひげ》が胸元に達するまで（成人するまで）泣き喚《わめ》いて手がつけられなかった。

スサノオが号泣する様子は、青々とした山がすべて枯れ木となり、川や海の水が彼の涙となってすっかり干上がってしまうほど凄《すさ》まじいものだった。さらに、スサノオの号泣によって世の中が騒然となると、悪神（悪霊）の活動が俄《にわか》に活発になった。悪霊たちのざわめきは夏の稲田に群がる蝿のように世間に満ち溢《あふ》れ、各地で一斉に災いが発生した。

この様子を見かねた父のイザナキは、スサノオに「なぜ、お前だけが私の命令に背いて任地にも行かず、そのように泣いてばかりいるのだ？」と問い詰めた。すると、スサノオは「私は亡き母（イザナミ）のいる根《ね》の堅州国《かたすくに》に行きたいのです」と言って泣きながら訴えた。

イザナキは兄弟の中でただ一人命令に従わず、ダダをこねて泣き喚くスサノオに激怒し、ついに「お前はもうこの国（高天原や豊葦原中国《とよあしはらのなかつくに》）に住んではいけない」と言って、スサノオを追放してしまった。そして、聞き分けのないスサノオに愛想を尽かしたイザナキは、近江《おうみ》の多賀大社に鎮まった。

根の堅州国

根の堅州国とは、地底（根の国）の片隅にある国（堅州国）であるというが、その実体はハッキリしない。ここでは、「亡き母のいる根の堅州国」と言っているから、イザナミが赴いた黄泉国《よみのくに》と考えることができる。なぜ、スサノオが黄泉国に行きたいと言ったのか、これまたハッキリしないが、まだ見ぬ母に一目会いたいという気持ちからだったのではないか。

いっぽう、イザナキにとって黄泉国は穢れに満ちたおぞましい処である。その国からやっとの思いで生還し、禊《みそぎ》をして穢れを祓《はら》った。その結果、生まれたのがスサノオらだった。その子どもが再び、穢れ多き地に行きたいという。イザナキにとってみれば、言語道断。激怒するのも良く分かる。

また、出雲系の神話では、根の国は海の彼方《かなた》にある異界で、神々の故郷とされ、この世界から穀物や富などのあらゆるものが生じると言われている。つまり、根の国は出雲と極めて関係が深く、やはり出雲系の神話で祖神とされているスサノオが、その郷里に帰りたいと言ったのは極めて自然である。

三貴子のうち、スサノオだけは異質の存在で、天皇家に対抗して古くから勢力を誇ってきた出雲の豪族を支配化に治めるために動員されたと見ることができる。記紀の神話では、高天原を追放されたスサノオは出雲に天下り、国神の祖としてこの地方の発展に尽力する（八九ページを参照）。

つまり、天皇家の正統を主張するために作られた記紀の神話では、地方豪族の中でも著しい勢力を誇った出雲一族の祖神の出自をイザナミの子どもということにした。しかし、高天原や豊葦原中国に馴染《なじ》まないスサノオを追放した上で改めて出雲の祖神とした。もともと、出雲の祖神と思《おぼ》しきスサノオを、記紀の神話は明確なかたちで祖神と任命したのである。

追放されたとは言え、スサノオがイザナキの子どもであるという事実は消えない。現に出雲の地でスサノオが見初めたクシナダヒメの両親は、彼がアマテラスの弟で高天原から下ってきたと聞いて、大いに喜んでいる（八七ページを参照）。結局、記紀の神話では出雲も大和朝廷のヒエラルキーの中に治められることにな

イザナキが鎮まったという滋賀の多賀大社

るのだ。大和朝廷の正統性をいかに合理的に説明するか。記紀作者たちの苦心のほどが窺《うかが》える。

近江《おうみ》（滋賀県）の多賀《たが》大社《たいしゃ》

イザナキはスサノオを追放した後、近江の多賀大社に鎮まったと伝えられている。多賀大社の創祀《そうし》は『古事記』が成立した八世紀以前にさかのぼる。鎌倉時代に東大寺再建の大勧進《だいかんじん》になった俊乗坊《しゅんじょうぼう》重《ちょう》源《げん》が延命祈願をしたことは有名で、以来、延命に功ありと盛んに信仰され「お多賀さん」の名で広く親しまれている。左右に楽殿を備えた拝殿の奥に独立した幣殿が建ち、その奥に本殿が建つという大掛かりな社殿だ。

また、本社から数キロ離れた本宮山《ほんぐうさん》の山中にはイザナキが降臨したという奥宮がある。本宮山の山頂付近に降臨したイザナキは徒歩で山を下り、最終的な鎮座地（多賀大社）を目指した。しばらく下ると極度の空腹に襲われたが、たまたま出会った村人が栗飯をご馳走《ちそう》してくれた。栗飯を腹一杯食べて体力を回復したイザナキは再び山を下り、多賀大社に辿《たど》りつくことができたという。

ちなみに、村人は柏《かしわ》の葉に盛った栗飯に杉の箸《はし》を添えて饗《きょう》した。食べ終わったイザナキはその杉箸を傍らの地面に挿してその場を立ち去った。しばらくすると、その杉箸から芽が出て根を張り、やがて巨木に生長したという。奥宮の社の傍らには箸から生長したという三股《みつまた》に分かれた杉の大木があり、御神木として崇《あが》められている。

第三章

高天原にまつわる神話

◆高天原に昇ったスサノオ

父の伊邪那岐神《いざなきのかみ》（以下、イザナキという）に見放された建速須佐之男命《たけはやすさのおのみこと》（以下、スサノオという）は深い悲しみに暮れるが、せめて姉の天照大御神《あまてらすおおみかみ》（以下、アマテラスという）に暇乞《いとまご》いをしようと考えた。ところが、スサノオが高天原に上り始めると、山河はことごとく鳴動し、大地は凄《すさ》まじく震動した。

高天原でこの光景を見ていたアマテラスは、「弟は何か良からぬことを企《たくら》んで高天原に昇って来るに違いない。そうだ、私の国を乗っ取るつもりなのだ！」と言って、直ちに臨戦体制に入った。

髪を解いてミズラ（古代の男子の髪型）に結い、髪や手にはたくさんの勾玉《まがたま》を紐《ひも》に通した首飾りのようなものを巻きつけ、背には千本もの矢を背負い、脇腹にも五百本の矢を帯びて、弓をシッカリと握り締めて、硬い地面を股が隠れるまで踏み込んで、雄々しく勇ましい姿でスサノオを待ち受けた。

そして、スサノオが到着すると「お前はどういうワケで高天原に上って来たのか」と厳しい口調で尋ねた。これに対してスサノオは「私は邪心など毛頭抱いておりません。ただ、父上（イザナキ）に母上（イザナミ）のいる根の堅州国に行きたいと申し上げたところ、父上は大いにお怒りになって、私を追放するとおっしゃいました。そこで、せめて姉上に私がなぜ根の国に行きたいのか、聞いていただきたくて上って参りました。高天原を乗っ取ろうなどという気持ちなど微塵《みじん》もありません」と答えた。

スサノオの弁明にまだ疑いの心を晴らすことのできないアマテラスは「それでは、お前の潔白はどのようにして証明するのだ？」と問い詰めた。すると、スサノオは「それぞれ誓約《うけい》をして子どもを生んではいかがですか？　私がもし女神を生めば、私の言葉に偽りのないことが証明されるでしょう」と言った。

誓約とは予《あらかじ》め決めた通りの結果が出るか否かによって、正否、吉凶などを判断するという古代の一種の裁判である。この場合、スサノオに決めた通りの結果が出れば、その言葉に偽りがなかったことが証明される。

アマテラスはスサノオの提案に同意した。さっそく高天原を流れる天《あめ》の安河《やすかわ》を挟んで誓約を行うことになった。先ず、スサノオが腰に帯びていた十拳剣《とつかのつるぎ》とアマテラスがミズラに巻いていた勾玉の首飾りを互いに交換した。

アマテラスは十拳剣を三つに折り、これを天の真名井《まない》（高天原にあるという神聖な井戸）の聖水につけて清めた後、口に押し込んで凄まじい勢いで嚙《か》み砕いた。そして、

宗像大社

粉々になった剣を一気に吐き出した。するとその霧状になった息の中から、多紀《たき》理毘《りび》売命《めのみこと》（以下、タキリビメという。「書紀」では田心姫命《たごりひめのみこと》）、市寸《いちき》島比《しまひ》売命《めのみこと》（以下、イチキシマヒメという。「書紀」では市杵《いちきし》島姫命《まひめのみこと》）、多岐都比《たきつひ》売命《めのみこと》（以下、タキツヒメという。「書紀」では湍津姫命《たぎつひめのみこと》）、の三柱の女神が相次いで生まれた。

次にスサノオはアマテラスの勾玉の髪飾りを真名井で清めた後に嚙み砕き、勢い良く吐き出した。すると、正勝吾《まさかつあ》勝勝《かつかち》速日《はやひ》天之《あめの》忍穂耳命《おしほみみのみこと》（以下、アメノオシホミミという）、天之《あめの》菩《ほ》卑《ひ》能命《のみこと》（以下、アメノホヒという）、天津《あまつ》日《ひ》子《こ》根命《ねのみこと》（以下、アマツヒコネという）、活津《いくつ》日《ひ》子《こ》根命《ねのみこと》（以下、イクツヒコネという）、そして、熊野《くまの》久須《くす》毘命《びのみこと》（以下、クマノクスビという）の五柱の男神が次々と生まれた。

誓約を終えたアマテラスはスサノオに「後に生まれた五柱の男神は、私が身に着けていた勾玉の髪飾りから生まれた。だから、これらの男神は私が生んだ子どもです。そして、先に生まれた三柱の女神はお前が身に着けていた剣から生まれました。したがって、お前の子どもです」と言った。

はじめの取り決めどおり女神を生んだことによって、スサノオの身の潔白は証明されたのだった。

そして、三柱の女神は九州の宗像大社《むなかたたいしゃ》に鎮座することになった。タキリビメは沖津宮《おきつぐう》に、タキツヒメは中津宮《なかつぐう》に、イチキシマヒメは辺津宮《へつぐう》に鎮座し、この地方の豪族、宗像の君の祖神として崇められている。また、後から生まれた五柱の神は各地の豪族の祖神として崇められている。

誓約《うけい》

前述したように、『古事記』ではスサノオが女神を生んだことによって、その潔白が証明されたことになる。ところが、『日本書紀』では誓約に先だってスサノオが男神を生めば身の潔白が証明されると述べている。そして、五柱の男神はスサノオの子、三柱の女神はアマテラスの子ということになっている。最初に生まれた男神には正勝吾勝勝速日という名が冠されているから、男神の誕生が勝利に結びついていることは容易に想像がつく。さらに、アメノオシホミミの子が天孫瓊瓊杵尊《ににぎのみこと》（以下、ニニギノミコトという）で、周知の通りニニギノミコトは高千穂峰《たかちほのみね》に降臨する（二六ページを参照）。このことから考えても男神が優勢なはずなのだが……。

なぜ記紀の間でまったく逆の話が作られたのかは不明だ。あるいは、子どもを生み育てる女性の力を重んじた結果からかもしれない。また、『日本書紀』では十拳剣はアマテラスの、勾玉の髪飾りはスサノオの持ち物で、それをお互いに交換したことになっている。ここにも記紀作者たちの複雑な作為のあとを窺《うかが》うことができるだろう。

三柱の女神

『日本書紀』では三柱の女神はアマテラスの子ということになっている。そして、「書紀」の一書にはアマテラスはこの三柱の神を筑紫《つくし》に降臨させ「お前たちは、海路の途中に鎮座して、天孫を助けなさい」と命じたとある。海路の途中とは、『古事記』にも記されているように九州の宗像大社である。

宗像大社は九州本島の辺津宮、その沖合いの大島にある中津宮、さらに沖合いの沖ノ島にある沖津宮よりなる。今も三柱の女神はこれら三つの社に鎮座している。そして、大島と沖ノ島は九州本島の辺津宮から、朝鮮半島に向かって一直線に並んでいるのである。

仏教伝来（五三八年）の時代前後から、三韓《さんかん》（当時、朝鮮半島にあった百済《くだら》、新羅《しらぎ》、高句麗《こうくり》の三国）とわが国の間には緊張関係が存在した。とくに、新羅は機を見て日本に侵攻する恐れがあった。神功《じんぐう》皇后の新羅遠征の話もそんな緊張関係が根底にある（一八三ページを参照）。「書紀」の中でアマテラスが三柱の女神に宗像を治めるように命じたのも、そんな複雑化した外交関係を反映しているのではないだろうか。

聖徳太子の摂政《せっしょう》の時代（五九三〜六二二?）、新羅から一体の仏像が太子宛に贈られてきた。しかし、太子は複雑な三韓の事情を考慮して、この仏像を自らまつることはなかった。そして、後にその仏像は京都太秦《うずまさ》の広隆寺《こうりゅうじ》の開基《かいき》である秦河勝《はたのかわかつ》が賜り、同寺にまつられたと考えられている。この仏像が広隆寺にまつられている有名な弥勒菩薩半跏思惟像《みろくぼさつはんかしゆいぞう》である。

いずれにしても、朝鮮半島と日本の間には長きにわたって緊張関係が存在し、ときとして一触即発の状況にもなった。とりわけ、朝鮮半島にいちばん近い沖ノ島は防衛の最前線だったことは容易に想像がつく。現に、沖ノ島からは剣などの多くの武器が出土している。

アマテラスとスサノオの誓約の神話には、当時の緊迫《きんぱく》した国際関係も反映されていると見ることができる。

◆アマテラスが岩屋《いわや》に隠れたワケ

さて、いよいよアマテラスの岩屋隠れの神話である。三柱の女神を生んだスサノオは歓喜に胸を躍らせながら勝利を宣言した。

「麗しい女児を生んだことで、私の身の潔白は証明されました。姉上！　私は誓約に勝利しました!!」

アマテラスはゆっくりと頷《うなず》いて、弟の勝利を認めた。それと同時にスサノオに邪心がなかったことに安堵《あんど》し、これで高天原も安泰だと感じたのだった。しかし、それも束の間のことだった。勝ち誇ったスサノオは歓喜の念を昂《たか》ぶらせ、とんでもない乱暴狼藉《ろうぜき》を働きはじめたのだった。

先ずは、小手調べと言わんばかりに、アマテラスが食する米を耕作する神聖な田んぼの畔《あぜ》を壊し、田に水を引く用水路を埋めた。さらには、アマテラスが新嘗祭《にいなめさい》のときに新穀をいただくための神殿に行き、その神聖な場所に、こともあろうに糞《くそ》を撒《ま》き散らした。

高天原の神々はこの前代未聞の光景をほとんど茫然自失の態で眺めていたが、誰も暴挙を止めることはできなかった。暴漢とはいえ、なにしろ相手は高天原の最高神アマテラスの弟君である。いっぽう、アマテラスはそのような乱暴狼藉を眺めて次のように言った。

「あの糞のように見えるのは、わが弟が酒に酔ってヘドを吐いたのでしょう。また、田の畔を壊したり、用水路を埋めたりしたのは、もっと土地を有効に活用できるように田んぼの区画を仕切り直したのでしょう」

アマテラスはスサノオの暴挙を善い方に解釈したのである。古代において、悪事を善事に置き換えて言い換えることによって、実際に事態が改善されると考えられていた。一種の言霊《ことだま》信仰である。この場合、アマテラスが弟を庇《かば》おうとしたのはもちろんであるが、先ずは悪を善に置き換えることによって、つまり、言霊の威力によってスサノオの乱暴狼藉を止めさせようとしたのである。

しかし、その霊力もスサノオには無力だった。それから間もなくアマテラスが神聖な機屋《はたや》に行って、機織女に神の衣装を織らせていたとき、屋根の上から大音声が轟《とどろ》いた。アマテラスと機織女が驚いて上を見ると、天井に大きな穴がポッカリと口を開けている。何事かと息を呑《の》んだ瞬間、その穴から血の滴る大きな物体が落ちてきた。

スサノオがまだら馬の皮を剝《は》いで投げ入れたのである。これを見た機織女は極度の恐怖に駆られ、梭《ひ》（機織のとき、横糸を通す紡錘《ぼうすい》形の道具）で陰部を突いて死んでしまった。

そのようなおぞましい光景を目の当たりにして、さすがのアマテラスも恐れをなした。そして、天《あめ》の岩屋の戸を押し開いて、岩屋の中にこもってしまったのである。これが神話の中でも最もよく知られているアマテラスの「岩戸隠れ」だ。

さて、日の神（太陽神）であるアマテラスが岩屋に隠れて、その戸をシッカリと閉めてしまうと、世の中はにわかに真っ暗になった。世の中を闇が支配するようになると、しだいに悪霊（邪心）たちの活動が活発になった。悪霊たちの騒ぐ声は夏の蠅のように世の中に満ち、あらゆる禍《わざわい》が一斉に起こった。

◆アマテラス奪還作戦

最悪の事態となったことを憂慮した高天原の神々は、天《あめ》の安河《やすかわ》の河原に集合して解決策を相談した。その結果、タカミムスヒの子で、知恵者の思金神《おもいかねのかみ》（以下、オモイカネという）に善後策を一任することになった。しばし熟慮したオモイカネは打開策を打ち出し、神々もこれに同意して、さっそくアマテラス奪還の大作戦が始まった。

先ず、常世国《とこよのくに》（海の彼方《かなた》にあるという永遠の世界）から長鳴鳥《ながなきどり》（長く声を引いて鳴く鶏）を集め、天の金山《かなやま》の鉄を採って伊斯許理度売命《いしこりどめのみこと》に命じて大きな鏡を作らせ、玉祖命《たまのおやのみこと》にはたくさんの勾玉《まがたま》を作らせて、これを紐《ひも》に通して長いネックレスのように仕上げた。

次に天子屋根命《あめのこやねのみこと》（以下、アメノコヤネという）と布刀玉命《ふとだまのみこと》（以下、フトダマという）を呼んで、天《あめ》の香具山《かぐやま》（高天原にあるという空想上の山。奈良県桜井市にある天香久山《あまのかぐやま》はこれにちなんだ名である）の雄鹿の肩甲骨を抜き取らせ、天の香具山に生えている朱桜《かにわざくら》（古名を「ははか」という）を薪にして肩甲骨を焼いて神意を窺《うかが》わせた。

そして、天の香具山に生えている枝葉の茂った賢木《さかき》（榊に同じで、常緑樹）を根もろとも掘り起こし、上部の枝にはたくさんの勾玉を紐で刺し通した長い数珠のようなものを掛け、中ほどの枝には八咫鏡《やたのかがみ》を吊るし、下の方の枝には楮《こうぞ》(ミツマタとともに和紙の原材料となる木)の皮で作った白い布状のものと、麻の樹皮で作った青い布状のものを垂らした。

勾玉や八咫鏡などで飾り立てた賢木は、フトダマが入念に祓《はら》い清め、アメノコヤネが祝詞《のりと》をとなえた上で岩戸の前にまつられた。そして、怪力の天手力男神《あめのたぢからおのかみ》(以下、タヂカラオという)が岩戸のすぐ横に隠れ、芸能の祖神である天宇受売命《あめのうずめのみこと》(以下、アメノウズメという)が草で作った腰蓑《こしみの》だけをまとって乳房も露《あらわ》にし、髪には草で作った冠を飾り、天の香具山からとって来た笹の葉を束ねて手に持ち、岩戸の前に据えられた逆さにした桶《おけ》の上に立った。ここに、オモイカネの計画に忠実に従って、すべての準備は整ったのである。

そして、常世国の長鳴鳥のけたたましい鳴き声を合図に、アメノウズメが桶の上で踊り出した。アメノウズメは最初から勢いよく桶を踏み鳴らして踊り、間もなく神懸りの状態になった。恍惚《こうこつ》となったアメノウズメの踊りはさらに激しさを増し、乳房を掻《か》き乱し、腰蓑をずり下ろし、陰部を露にして踊り狂った。この想像を絶する破廉恥な踊りを目の当たりにした八百万《やおよろず》の神々は一斉に笑い転げ、やんやの喝采《かっさい》を贈った。

外の喧騒《けんそう》が岩屋の中にも届くと、アマテラスも心穏やかではなかった。外の様子が気になって仕方がないアマテラスは、ついに岩戸を少し開けて見ることにした。

岩戸の隙間から窺ったアマテラスは、外の信じ難い光景に目を見張った。不思議に思ったアマテラスは、依然激しく踊り狂っているアメノウズメに声を掛けた。

「日の神の私が岩屋に隠れたので、高天原や豊葦原中国《とよあしはらのなかつくに》は真っ暗になったはずである。世の中の神々はさぞ恐れ戦《おのの》いているだろうと思いきや、お前は踊り狂い、八百万の神々は楽しそうに笑い転げている。いったい、何があったというのだ?!」

すると、アメノウズメは踊りを中断して岩戸に近づき、次のように答えた。

「はい、実はあなた様に勝る尊い神が出《い》でましになったので、それを祝し、喜んで笑っているのです」

アマテラスとアメノウズメがこのようなやり取りをしている間に、アメノコヤネとフトダマが八咫鏡をアマテラスの前に据えた。すると、アマテラスはますます不思議に思って、岩屋の中から少し顔を出して鏡を覗《のぞ》き込んだ。

その瞬間、怪力のタヂカラオがアマテラスの手を取り、力任せに岩屋の外に引き出した。すると、すかさずフトダマが予《あらかじ》め用意した注連縄《しめなわ》をアマテラスの後ろに手早く張り巡らし、

「もはや、この注連縄から中にお入りになることはできません」

と、宣言した。こうして、アマテラスが岩屋の外に出て来ると、太陽が輝き始め、高天原も豊葦原中国もすっかり明るさを取り戻したのだった。

そこで、今度は八百万の神々は、アマテラスの岩戸隠れの原因を作った張本人、スサノオの処遇について相談した。その結果、スサノオには贖罪《しょくざい》のためにたくさんの貢物を奉納させ、髭と手足の爪を切った上で高天原から追放することにした。

貢物を献納したり、髭や爪を切るのは刑罰の一つで、古代社会では、そうすることによって罪や穢《けが》れが祓い清められると考えられていた。

岩戸隠れ神話が意味するもの

アマテラスはその名が示すとおり太陽を神格化した神である。その神が岩屋に隠れたことにより、世の中は大混乱に陥る。そして、八百万の神が協力してアマテラス奪還のための神事を行う。アマテラス（太陽）が隠れて真っ暗になるのは、冬至のころの太陽の光熱の衰えを象徴していると考えられ、一連の神事は太陽のエネルギーの復活を祈願するものだとも考えられている。

そして、その一連の神事は天武天皇《てんむ》（六七二〜六八六年在位）以来、宮中で行われるようになった鎮魂祭《ちんこんさい》の起源になったとも考えられている（ただし、これには反対論もある）。鎮魂祭は「みたまふりのまつり」とも言われ、大嘗祭《だいじょうさい》や新嘗祭《にいなめさい》の前にアマテラスの末裔《まつえい》としての天皇の霊の強化を図るもので、天皇の玉体《ぎょくたい》を太陽（アマテラス）の化身としてその魂（エネルギー）を増長させ、翌年の五穀豊穣、引いては国家安泰を願うのである。

宮中で鎮魂祭がはじめて行われたのは、天武天皇の十四年（六八五）の旧暦十一月（現在の十二月に相当）の寅日《とら》と伝えられ、以降、新嘗祭を前にした十一月の寅日に行われるのが恒例となった。

また、岩戸隠れではアメノコヤネとフトダマが重要な役割を果たしている。アメノコヤネは中臣氏《なかとみ》（後の藤原氏）の祖神、フトダマは忌部氏《いんべ》の祖神で、中臣氏と忌部氏は早くから宮中の神事を分掌した家柄である。「書紀」の持統天皇《じとう》の四年の項には、天皇の即位の儀礼に際して、中臣大嶋《おおしま》が天神の祝詞《のりと》を読み、忌部色夫知《しこぶち》が剣と鏡を天皇に奉ったという記述がある。女帝の持統天皇をアマテラスに置き換えれば、岩戸隠れ神話の一場面を彷彿《ほうふつ》とさせる話である。

◆高天原を追放されたスサノオ

　高天原を追放されたスサノオは、出雲国の肥河《ひのかわ》の上流の鳥髪《とりかみ》というところに天下った。肥河は今の斐伊川《ひいかわ》で、島根県と鳥取県との県境にある船通山《せんつうざん》（一一四二メートル）を水源として、宍道湖《しんじこ》に注ぐ。鳥髪は斐伊川の上流に位置する島根県仁多《にた》郡のあたりと目されている。

　見知らぬ土地に降臨したスサノオはどこに行ったものかと、しばし川辺に佇《たたず》んで思案した。すると、一本の箸《はし》が流れてきた。これを見たスサノオは上流に人家があるに違いないと思い、川上を目指して歩き始めた。そして、ややしばらく歩くと、予想どおり川のほとりに建つ一軒の家が見えてきた。日暮れも近づき、空腹を抱えたスサノオは、何はさて置きこの家で一宿一飯にあずかろうと、勇んで家に近づいて行った。

　戸口の前まで来たとき、中からすすり泣く声が聞こえてきた。スサノオは少し身を引いて中の様子を窺《うかが》った。すると、薄暗い部屋の中で夜目にも美しい少女を中に置いて老人と老婆が力なく座り、三人が手を取り合ってさめざめと泣いているのが見えた。

　この光景にスサノオは一瞬、躊躇《ちゅうちょ》したが、日はどんどん暮れてくるしほかに行くあてもない。思いきって戸を開き、声を掛けた。

「ごめんください。私は旅のものですが、見知らぬ土地に来て難儀をしております。今夜、お宅に泊めていただくことはできないでしょうか？」

堂々たる偉丈夫の突然の来訪に度肝を抜かれた老人たちは居住まいを正し、軽く頷《うなず》きながら言った。

「それはお困りでございましょう。こんなところで宜《よろ》しければ、どうぞお泊まりくださいませ」

老人の言葉に老婆も相槌《あいづち》を打ち、少女も伏し目がちにスサノオに会釈をして賛意をあらわした。そして、三人は再び肩を落として沈黙した。

「有難うございます！」

スサノオは衷心より礼を述べたが、胸中は複雑だった。三人は尋常ならざる事情を抱えているようだが、そんなところに見ず知らずの自分が泊めてもらって良いのだろうか。とは言うもののほかに行く所もない。事情を聞いて、自分が力になれるものならなってやろう。そんな思いを募らせたスサノオは重い口を開いた。

「ところで、突然お邪魔して無理なお願いを聞き入れていただいた上に、立ち入ったことをお聞きするのは僭越《せんえつ》至極ですが、あなた方には並々ならぬご事情がおありとお見受けしましたが……？」

意外な問い掛けに、三人は一斉にスサノオに視線を走らせた。鬱々《うつうつ》とした彼らの表情に一点の曙光《しょこう》が差したようにも見えた。老人がゆっくりとその事情を語り始めた。

「私は国神《くにつかみ》の大山津見神《おおやまつみのかみ》（山の神。以下、オオヤマツミという）の子で、足名椎《あしなづち》（以下、アシナヅチという）と申します。こちらに居りますのは、私の妻で手名椎《てなづち》（以下、テナヅチという）、こちらは娘で、櫛名田比売《くしなだひめ》（以下、クシナダヒメという）と申します」

三人の出自を知ったスサノオはさらにその事情を尋ねた。

「そのような立派な家柄の方が、なぜこのような深い悲しみにとらわれて、泣いていらしたのですか」

「実は私たち夫婦には八人の娘が居りました。ところが、毎年、山から八岐大蛇《やまたのおろち》（以下、ヤマタノオロチという）がやって来て、娘を一人ずつ食べてしまい、この娘だけが残りました。しかし、今年もヤマタノオロチがやって来る時期になり、最後に残ったこの娘も食べられてしまいます。あの凶暴な大蛇から娘を護《まも》ることはできません。それが悲しくて泣いていたのでございます」

アシナヅチによれば、その大蛇はホオズキのような真っ赤な目をしており、胴体は一つだが八つの頭と八つの尾を持っている。身体のいたるところにヒノキや杉の木が生え、ツタが生い茂っている。その長さは八つの谷、八つの峰に及び、腹のあたりにはいつも血が滲《にじ》んで爛《ただ》れている、という。

ヤマタノオロチの様子を具《つぶさ》に聞いたスサノオは、アシナヅチに自分がその大蛇を倒して娘を救ってやろうと約束する。そして、首尾よく大蛇を退治した暁にはクシナダを娶《めと》りたいと申し出た。

スサノオの言葉にアシナヅチとテナヅチは大いに喜ぶが、嫁がせるからには婿となる男（スサノオ）の素性を知りたいと言う。これに応じたスサノオが「私はアマテラスの弟で、今しがた高天原から下ってきたところだ」と告げる。これを聞いたアシナヅチ、テナヅチは「アマテラスの弟君とは畏《おお》れ多いことでございます。命を助けていただいた上に、そんな高貴な方に嫁がせていただければ娘も本望でございます」と言ってクシナダヒメを嫁がせることを約束する。

◆ヤマタノオロチ退治

ここに交渉はまとまり、スサノオはさっそくヤマタノオロチ退治の準備に入った。

先ずクシナダヒメに術をかけて爪櫛《つまぐし》（爪形の櫛）に姿を変えて自分のミズラに挿した。

将来、妻となるべき女性を肌身に着けることによって、護りとおそうとするスサノオの決死の覚悟が窺《うかが》える。また、爪櫛は邪悪なものを祓《はら》う神聖な櫛で、それを身に着けることによって振りかかる難を振り払おうとしたのである。

さて、次にスサノオはアシナヅチ、テナヅチに命じて「あなた方は、先ず幾度も繰り返し醸した強い酒（八塩折《やしおおり》の酒）を作ってください。また、家の周りに垣根を張り巡らし、その垣根には八つの門を設け、門ごとに桟敷を設けて、八塩折の酒を満たした桶《おけ》を置いて大蛇を待ち受けてください」と言った。

さて、準備が整うと、スサノオは老夫婦とともにヤマタノオロチの襲来を待ち受けた。待つことしばし、アシナヅチの言った通りのヤマタノオロチが現れた。芳香の漂う酒を見つけた大蛇は、鎌首を擡《もた》げて八つの桶にそれぞれ頭を突っ込んで、酒を飲み始めた。そして、すべての酒を飲み干すと、大蛇は酔って寝込んでしまった。

そこで、スサノオは腰に差していた十拳剣《とつかのつるぎ》を抜き、大蛇をずたずたに斬った。大蛇からは大量の血が流れ出し、肥河に流れ込んだ。肥河はさながら血の河となって激しく流れた。

また、大蛇の中ほどの尾を斬ったとき、何かに当たって剣の刃がこぼれた。不思議に思ったスサノオが剣の先で尾を切り裂いて見ると、中から見事な太刀が出てきた。

スサノオはこの太刀を取り出し、後にアマテラスに献上した。これが、三種《さんしゅ》の神器《じんぎ》の一つ、天叢雲剣《あめのむらくものつるぎ》（草薙《くさなぎ》の剣）である。

見事、ヤマタノオロチを退治したスサノオは目出度くクシナダヒメと結婚した。新居を建てる土地を出雲一円で探した結果、須賀《すが》というところに宮殿を建てることにした。この地を探し当てたとき、スサノオは「この土地に至り、わたしはとても清々しい気分だ！」と言ったという。そのことからこの土地を須賀と呼ぶようになった。

また、宮殿を新築したとき、この辺りで盛んに雲が立ち上った。その様子を見たスサノオは次のような歌を詠《よ》んだ。

盛んに湧き起こる雲が垣根を成して幾重にも宮殿を囲んでいる。きっと、宮殿にこもった新妻を守るために幾重にも垣根を巡らせているのだろう。なんと素晴らしい雲の垣根ができたことだろう（八雲《やくも》立つ　出雲八重垣《いずもやえがき》　妻ごみに　八重垣作る　その八重垣を）。

そして、アシナヅチを呼んで「あなたを私の宮殿の首長に任命しましょう」と言って、稲田宮主須賀之八耳神《いなだのみやぬしすがのやつみみのかみ》という名を与えた。

ヤマタノオロチの正体

ヤマタノオロチは八つの谷と八つの峰に及ぶ巨大な身体を持ち、その身体からはヒノキや杉が生え出てツタが生い茂っている。この描写は言うまでもなく斐伊川上流の船通山一体の山地と、山から水を集めて斐伊川に注ぐ幾筋もの沢をイメージしたもので、ヤマタノオロチは一帯を守る水神としての蛇神を象徴する。

また、大蛇の血が肥河《ひのかわ》を赤く染めたというのは、この一体が古くから砂鉄を多く産出し、鉄分によって川の石が赤く錆《さ》びていたことに基づいている。大蛇の腹が赤く爛《ただ》れているというのも同じ理由からだろう。さらに、大蛇の目がホオズキのように赤いのは、鉄を融解する高炉が赤く焼ける様子をあらわしたものとも見られている。このあたりでは古くから、製鉄が行われていたのである。

そして、最後に大蛇の尾から剣があらわれる。近年、斐伊川一帯では多くの鉄剣が発掘されている。産鉄地のこの地域では、当時、まだ銅製の剣が主流だった時代に、いち早く鉄製の剣を作っていた。このような文化水準の高さが出雲を支え、大和朝廷を凌《しの》ぐ勢力を誇る原動力の一つになったと考えられている。大和朝廷が中央集権を進める上で、出雲は最も手強《てごわ》い相手だった。先ず、ここを平定しなければ集権化は緒につかない。記紀の神話で出雲の大国主命《おおくにぬしのみこと》（以下、オオクニヌシという）が国神の最高権力者として記され、はじめにこの神を平定する話が登場するのは前述のような事情による。もちろん、出雲平定の話が史実か否かは別としてである。

いずれにしても、ヤマタノオロチは斐伊川の上流域、幾筋にも分かれた川をイメージしたものであった。そして、その大蛇が毎年、襲って来るというのは、洪水を象徴したものだ。さらに、大蛇が娘を食べるというのは、洪水を鎮めるための人身供犠《じんしんくぎ》である。古代社会において、自然の猛威を鎮めるために、生身の人間を生贄《いけにえ》にしたのである。

このようにヤマタノオロチの神話は、実にさまざまな事象を背景として出来上がったのである。

◆オオクニヌシの誕生と因幡《いなば》の白兎《しろうさぎ》神話

スサノオはクシナダヒメと結婚して、子孫が繁栄して出雲の地を開拓してその基《もとい》を作った。そして、その六代目の孫がオオクニヌシである。この神には大穴牟遅神《おおなむぢのかみ》（以下、オオナムヂという）、葦原色許男神《あしはらしこおのかみ》（以下、シコオという）、八千矛神《やちほこのかみ》（以下、ヤチホコという）、大物主神《おおものぬしのかみ》（以下、オオモノヌシという）、宇都志国玉神《うつしくにたまのかみ》（以下、クニタマという）の別名がある。

このように、この神には異称が多く、もともと複数の神格を統合したものと考えられている。そして、それらの神格を統合した呼び名がオオクニヌシである。ここでは、神名をオオクニヌシに統一して話を進める。

さて、このオオクニヌシには八十神《やそがみ》（八十柱の神）と言われるほど多くの兄弟がいた。ときに、因幡国（島根県東部）に八上比売《やがみひめ》（以下、ヤガミヒメという）というたいへん美しい女神がいた。兄弟たちはみなこのヤガミヒメを何とか娶《めと》ろうとして、因幡国に求婚の旅に出掛けることにした。

兄弟たちは一応に腹黒かったが、オオクニヌシだけは極めて温和な性格でお人好しだった。そこで、兄弟は人の好いオオクニヌシに荷物を全部持たせて旅に出た。良く知られているように、オオクニヌシが大きな袋を背負っているのは、そのような事情によるのである。

一行が気多《けた》の岬（鳥取県北西部に伝説の地がある）に差し掛かったとき、一羽の兎が皮を剝《は》がれて赤裸になって横たわっていた。兎が助けを請うと、意地の悪い兄たちは「海水を浴びて、小高い丘の上に横たわって風にあたっていれば自然に治る」と、兎をからかってウソを教えた。兎が言われた通りにすると、風にあたって皮膚がひび割れ、ますます痛みがひどくなった。

ちょうど、そこへオオクニヌシが遅れてやって来て、兎が苦しんでいる訳を尋ねた。すると兎は「私は隠岐島《おきのしま》に住んでいたのですが、本土に渡ってみたいと思ったのですが、渡る手段がありません。そこで、一計を案じて海のワニザメをだまし、私とワニザメとどちらが仲間が多いか比べっこをしようともちかけました。するとワニザメは私の言葉を真に受けて、隠岐島から気多の岬まで仲間を一列に並ばせました。そこで、私はワニザメを数える振りをして背中の上をピョンピョン跳ねてここまで渡って来ました。そして、渡り終わろうとして最後の一匹の背に乗ったとき、『お前たちはだまされたんだ！』と言ってあざ笑ったのです。すると、その瞬間、いちばん最後に並んでいたワニザメが私に襲いかかって、この通り皮を剝がれてしまいました。そして、先に通りかかった兄たちに助けを求めて、その教えに従ったところますますひどくなってしまいました」と、言った。

これを聞いたオオクニヌシは兎を憐《あわ》れみ、すぐに真水で身体を洗って蒲《がま》の穂綿《ほわた》にくるまるようにと教える。兎が言う通りにしたところ、みるみる回復して元通りの身体にもどった。喜んだ兎はオオクニヌシに「八十神は決してヤガミヒメを射止めることはできません。今は大きな袋を担いで下働きをなさっていますが、あなた様こそがヤガミヒメを娶るのにふさわしい方でございます」と、予言した。

果たして兎の言葉通り、ヤガミヒメは八十神たちのプロポーズをことごとく断り、「私はオオクニヌシと結婚します」と、言い張る。これを聞いた八十神たちは激怒してオオクニヌシを殺そうとする。そして、実際オオクニヌシは何度も殺されるが、その都度、母の計らいによって蘇生《そせい》する。しかし、それでも八十神たちの執拗《しつよう》な攻撃は止まらない。そこで、母は「ここにいたら、ついには八十神たちによって滅ぼされてしまうだろう。紀伊国（現在の和歌山県）に行ってそこの神に相談しなさい」と言った。

オオクニヌシは母の言う通り、紀伊国に赴いた。そこには、大屋毘古神《おおやびこのかみ》（以下、オオヤビコという）という神が居り、オオクニヌシはその神の意見を仰ぐことにした。ところが、オオクニヌシがオオヤビコの元に着くや否や、再び八十神たちが追って来て、弓に矢をつがえてオオクニヌシを引き渡せと迫った。オオヤビコはとっさにオオクニヌシを逃がし、別れ際に「これからスサノオのいる根《ね》の堅州国《かたすくに》に行きなさい。きっと、スサノオの大神が良い智慧《ちえ》を授けてくださいます」と教えた。

◆根《ね》の堅州国《かたすくに》の訪問

オオヤビコに教えられた通り、オオクニヌシは根の堅州国（スサノオが治める地底の帝国。黄泉国《よみのくに》に同じ）にやって来た。そのとき、スサノオの娘の須世理毘売《すせりびめ》（以下、スセリビメという）が迎えに出たが、二人は会った瞬間、互いに目を見詰め合い、相思相愛になり、その場で結婚の約束をする。

オオクニヌシを伴ってスサノオのいる御殿に戻ったスセリビメは「たいそう立派な神がお見えになりました」と告げた。スサノオはオオクニヌシをひと目見て「これは葦原色許男命《あしはらしこおのかみ》だ」と言った。そして、スサノオはオオクニヌシにさまざまな試練を与える。その試練とはオオクニヌシが国神《くにつかみ》の偉大なリーダーとして成長するための通過儀礼だったのである。

その夜、スサノオはオオクニヌシの寝室として蛇のたくさんいる室を用意した。これを知ったスセリビメは蛇の害を祓《はら》う領巾《ひれ》（古代の女性が首から胸元にかけて掛ける薄く細長い布で、蛇や害虫を祓う呪力《じゅりょく》があると考えられていた）を密《ひそ》かに手渡し、蛇が食いっこうとしたら、この領巾を三度振って振り払うようにと教えた。教えられた通りにすると、蛇に煩わされることもなく安眠することができた。そして次の日の夜はたくさんのムカデと蜂がいる部屋に寝かされたが、今度もスセリビメに授けられた魔除けの領巾のお蔭《かげ》で無事に一夜を過ごすことができた。

また、ある日のこと、スサノオは広い野原に鏑矢《かぶらや》（先に蕪《かぶ》のような木製の玉をつけた矢。飛ぶときに音を立てる）を射込み、オオクニヌシにその矢を拾ってくるように命じた。そして、オオクニヌシが野原に行って鏑矢を探していると、スサノオは周囲から火を放った。迫り来る火に逃げ場を失ったオオクニヌシは茫然と立ち尽くした。すると、一匹の鼠が出て来て、足元に大きな穴があると教えた。そこで足元を踏み込んだところ、周りの土が崩れてオオクニヌシは穴の中にスッポリ落ち込んだ。そして、穴に隠れているうちに火は鎮まった。穴から出ようとしていると、先ほどの鼠が鏑矢をくわえて現れてオオクニヌシに渡した。

いっぽう、スセリビメはオオクニヌシが死んだと思い、葬式の用意をして泣きながら野に行った。スサノオもオオクニヌシはてっきり死んだものと思って、野にやって来た。ところが、オオクニヌシが件《くだん》の鏑矢を持って現れ、スサノオに矢を差し出した。スサノオはオオクニヌシとスセリビメを伴って御殿に向かい、二人を大広間に呼び入れて、オオクニヌシに身を清めるように命じた。スセリビメも手伝って身を清めている様子を見ながら、スサノオはよく試練に耐えたオオクニヌシを頼もしく思って安堵《あんど》したのか、その場で眠ってしまった。

◆根の堅州国からの脱出

スサノオがすっかり寝込んだのを見たオオクニヌシは、根の堅州国から脱出しようと思った。ここにいたのではスサノオにまたどんな試練を課せられるか分からないと考えたのである。

オオクニヌシはスサノオの髪を広間の柱に固く結びつけ、大きな岩で広間の入口を塞《ふさ》いだ。そして、スサノオの神聖な宝物である生太刀《いくたち》と生弓矢《いくゆみや》、天《あめ》の詔琴《のりごと》を持ち、スセリビメを背負って御殿から脱出しようとした。そのとき、天の詔琴が近くの木に触れて、大地が鳴動するような大音響を発した。

すっかり眠り込んでいたスサノオがこの音に目を覚まし、オオクニヌシを追いかけようとした。大広間の入口が大岩で塞がれていたので、髪の毛を縛り付けた柱を力任せに引っ張って、広間を引き倒してしまった。そして、追跡しようとしたが、まだ髪の毛が柱に結ばれたままになっている。スサノオが髪を解いている間に、オオクニヌシはかなり逃走の距離を稼ぐことができた。

やっとの思いで髪を解いたスサノオは猛然と追跡したが、オオクニヌシはすでに黄泉《よも》つ比良坂《ひらさか》に差し掛かって、間もなく現実の世界に脱出しようとしていた。遅れて黄泉比良坂までやって来たスサノオは、はるか彼方のオオクニヌシに次のように言った。

「お前が持ち出した生太刀と生弓矢で、八十神たちを追い払え。そして、わが娘のスセリビメを正妻とし、お前が国神のリーダーになって宇迦《うか》の山（出雲大社の背後の山。宇迦は食物の意味）のふもとに巨大な宮柱《みやばしら》を立てて、天高く千木《ちぎ》を聳《そび》えさせた壮大な宮殿を作って住め！」

このように言われたオオクニヌシは、生太刀と生弓矢をもって八十神たちをことごとく撃退し、出雲で国造りに着手した。スサノオが課した数々の試練によく耐えたオオクニヌシは、ここに名実ともに国神のリーダーとして生まれ変わったのである。

そして、かねて約束していた通り、ヤガミヒメはオオクニヌシと結婚して出雲に赴いて子どもを生んだ。しかし、正妻のスセリビメに遠慮して、その子を木の股《また》に挟んで郷里の因幡に帰ってしまった。その子は木俣神《きまたのかみ》、またの名を御井神《みいのかみ》と呼ばれ、井泉の神となって活躍している。

根の堅州国訪問の意味

根の堅州国は底の国、妣《はは》の国とも言われ、スサノオが父のイザナキに追放されたところで、この国の主はスサノオとされている。高天原《たかまがはら》（天界）や豊葦原中国《とよあしはらのなかつくに》（地上の現実の国）とは別のところにあると考えられている。また、スサノオは大海原を治めよという父の命に背いて、亡き母イザナミのいる根の国に行きたいといって泣き続けた。このことから、根の国は黄泉国《よみのくに》の一名とも考えられている。

オオクニヌシが根の国を訪問する話は、イザナキが黄泉国を訪問した話と類似している。しかし、イザナキが亡き妻を慕って自ら黄泉国を訪ねたのに対し、オオクニヌシはオオヤビコのアドバイスに従って根の国に行く。そして、そこでさまざまな試練に遭遇するが、その試練はオオクニヌシが立派に成長するために、スサノオによって意図的に課せられたものだった。

オオクニヌシにとって根の国は、豊葦原中国の未来のリーダーとしての資質が問われる場であった。だからこそ国神の祖としてのスサノオは過酷な試練を課したのである。そして、スサノオはその試練に耐えたオオクニヌシを「心に愛《いと》しく（愛しいやつだ）」と思ったと、『古事記』には記されている。スサノオは立派な跡継ぎができたことに安堵《あんど》して眠ってしまったものと思われる。

根の国からの脱出を試みたオオクニヌシに、スサノオは娘のスセリビメを正妻とし、豊葦原中国のリーダーとなって、壮大な宮殿に住めと、餞《はなむけ》の言葉を贈ったのである。

◆オオクニヌシの国造りを助けた神

かくしてオオクニヌシは国造りに着手したが、その国土建設の事業は難航を極めた。オオクニヌシは美保《みほ》の岬（島根半島の東端の美保関《みほがせき》にある岬）に佇《たたず》んで、誰か国造りを手伝ってくれる神がいないものかと思案に暮れていた。

そのとき、沖合いの波間に、ガガイモ（つる性の植物で、大きな楕円《だえん》形の果実を結ぶ）の実で作った船に乗り、蛾《が》の皮を丸ごと剝《は》いで衣服にした小さな神が近づいてきた。オオクニヌシは間近に来たその神に名を尋ねたが、答えがない。そこで、周囲にいた神々にその神の名を尋ねたが、だれも知らない。すると、この様子を見ていたヒキガエルが、久延毘古《くえびこ》（以下、クエビコという）が知っているに違いないと言ったので、オオクニヌシはさっそくクエビコに尋ねることにした。クエビコは山田の案山子《かかし》に与えられた神名であるという。この神は歩くことはできないが、天下のことはことごとく知っている。

クエビコは即座に、その神は神産巣日神《かむむすひのかみ》（以下、カムムスヒという）の子どもで、少名毘古那神《すくなびこなのかみ》（以下、スクナビコナという）という名の神であると答えた。そこで、オオクニヌシがカムムスヒにその真偽を尋ねたところ、この神はたしかに自分の子どもで、手の指の間から漏れこぼれた子である。そして、オオクニヌシと兄弟となって協力して国造りを進めるように命じたのだ、と告げた。

これを聞いたオオクニヌシは、改めてスクナビコナにどのような待遇をすれば国造りを手伝ってくれるのかと尋ねた。すると、スクナビコナは自分の御魂を丁重にまつったならば協力して国土建設に尽力するが、そうしなければ協力はしない、と答えた。そこで、オオクニヌシがどこにまつったらよいのかと尋ねると、スクナビコナは大和《やまと》の青々とした山々の東に位置する山（御諸山《みもろやま》。奈良県桜井市にある三輪山《みわやま》のこと）の上に丁重にまつれと言う。

奈良の三輪山

かくしてオオクニヌシはスクナビコナの御魂を、御諸山の上に丁重にまつった。すると、スクナビコナは小さいながら驚くほどの働きをして、オオクニヌシを助け、みごと国造りを成功に導いた。国造りを終えたスクナビコナは常世国《とこよのくに》に帰って行ったという。また、「書紀」によれば大仕事を終えたスクナビコナは粟《あわ》の茎の上で休んでいたところ、粟の茎が風に揺れたときに弾《はじ》かれて常世国に飛ばされて行ったとも言う。

オオクニヌシの幸魂《さきみたま》・奇魂《くしみたま》

「書紀」の中でスクナビコナは、オオクニヌシの幸魂、奇魂であると記されている。幸魂、奇魂とは幸いをもたらす不思議な魂であるという。

「書紀」にはオオクニヌシとスクナビコナのやり取りが次のように語られている。昔、二人は協力して国造りに励み、一応の完成をみたところでスクナビコナは常世国（海のかなたにあるという理想郷）に帰って行った。しかし、未《いま》だその国には不完全なところがあったので、オオクニヌシが一人でその不完全なところを補って完璧《かんぺき》な国土を作り上げた。そこで、オオクニヌシは「この豊葦原中国《とよあしはらのなかつくに》は私が完成した。私以外にこの国を治めるものが他にあるだろうか？」と豪語した。

そのとき、不思議な光が海を照らして、スクナビコナが近づいて来て「私がいたからこそ、あなたは広大な国を造るという手柄を立てることができたのだ！私はあなたの幸魂、奇魂である」と言ったという。

幸魂、奇魂は霊魂の働きの一つで、目には見えないが影の力となって作用すると考えられている。一説に、前者は狩猟や農業で獲物や収穫をもたらし、後者は人に健康をもたらす力であるという。スクナビコナがともすれば見逃すような小さな神として描かれているのも、そんな影の力を象徴的に表わしたものではないだろうか。

そして、オオクニヌシはそんな影の力をつい忘れて一人で国を完成したと豪語する。そこで、スクナビコナが現れてオオクニヌシに釘《くぎ》を刺す。影の力を再認識したオオクニヌシは、スクナビコナを丁重にまつって名実ともに豊葦原中国の帝王となる。

一つのことを成就するためには、さまざまな影の力が働いている。しかし、ともすれば人はそんな影の存在を忘れて、自分独りで成し遂げたと慢心する。この話には人間の本性を戒める教訓的な意味も含まれているのではないだろうか。

また、オオクニヌシが一人で国を完成したと豪語したように、言葉に出して言い立てることを「言揚《ことあげ》」と言い、古くからあまり好ましくないこととされている。言葉に出して言うことは人間の驕《おご》りの表われであり、驕りはやがて衰亡につながるからである。言揚を善しとしない神話以来の伝統が日本人の謙虚さを育《はぐく》んだのかもしれない。

◆豊葦原中国《とよあしはらのなかつくに》の平定

アマテラスは豊葦原中国（地上の国）が見事に出来上がったのを見て、この国も高天原の神々の子孫が治めるべきだと考えた。そして、自らの子でスサノオとの誓約《うけい》のときに生まれたアメノオシホミミ（七二頁を参照）に命じて統治させようとした。

ところが、復命して天下ろうとしたアメノオシホミミが天浮橋の上から下界を望むと、豊葦原中国には抵抗しそうな神がたくさんいて、ひどく騒がしい様子だった。そのまま下っても治めることは難しいと考えたアメノオシホミミは、いったん引き返してアマテラスの指示を仰ぐことにした。

これを受けて、タカミムスヒとアマテラスが八百万《やおよろず》の神を召集して相談したが、最終的にオモイカネに一任して方策を練らせた。その結果、オモイカネはやはり誓約のときに生まれた天菩比神《あめのほひのかみ》（以下、アメノホヒという。前出の天之菩卑能命《あめのほひのみこと》と同じ。七二頁を参照）を遣わすのが良いだろうと言った。かくしてアメノホヒが豊葦原中国に遣わされたが、この神はオオクニヌシに媚《こ》びへつらい、三年経っても何の報告もしてこなかった。

そこで、タカミムスヒとアマテラスは再び神々を召集して善後策を練った。その結果、オモイカネが天津国玉神《あまつくにたまのかみ》の子の天若日子《あめのわかひこ》（以下、アメノワカヒコという）が適任だろうと言った。そこで、アマテラスはアメノワカヒコに神聖な弓矢を授けて天下らせた。ところが、アメノワカヒコは事もあろうにオオクニヌシの娘の下照比売《したてるひめ》を娶《めと》り、八年もの長きにわたって何の報告もしてこなかった。アメノワカヒコには、行く行く豊葦原中国をわがものにしようという下心があったのだ。

タカミムスヒとアマテラスはまたも神々を召集して相談した。そして、今度は鳴女《なきめ》という雉《きぎし》（キジ）を遣わして、アメノワカヒコがなぜ八年間も音信不通なのか、その訳を探らせることにした。命に従った鳴女はアメノワカヒコの家の門前にある神聖な湯津楓《ゆつかつら》（香木というが樹木名は不明）の木にとまって、アマテラスからの伝言を伝えた。

このとき、雉（鳴女）の声を聞いていた天佐具売《あめのさぐめ》（以下、サグメという）が、この鳥の鳴き声はたいそう不吉な響きなので射殺してしまった方が良いと言った。アメノワカヒコはサグメの言う通り、アマテラスから授かった弓矢をとって射殺してしまった。サグメは物事の真偽や吉凶などを探る巫女《みこ》で、ここでは雉の鳴き声で吉凶を占ったのである。

アメノワカヒコが射た矢は雉の胸を貫いて高天原に至り、天の安河の河原にいたタカミムスヒとアマテラスの足元に刺さった。タカミムスヒが矢を取って検分すると、その矢羽には血がついていた。そこで、タカミムスヒは神々に矢を示しながら「アメノワカヒコに邪心がなければ当たるな！　もし、邪心があればアメノワカヒコを射殺せ！」と言って、下界に向けて投げ返した。すると、その矢は見事に命中してアメノワカヒコを射殺してしまった。

ところで、使いに出された雉はついに高天原に戻ることなく、何の報告もすることができなかった。これが「雉《きぎし》の頓使《ひたづか》い」という諺《ことわざ》の起源になった。「雉の頓使い」とは、行ったきりで戻って来ない使いのことで、今で言う「ナシのつぶて」と同じ意味である。古くから従者をつけずに一人で使いに出すことは忌み嫌われた。

◆平定の切り札として遣わされた建御雷神《たけみかづちのかみ》

アマテラスはアメノホヒとアメノワカヒコを遣わして豊葦原中国を平定しようとしたが、ともに失敗に終わった。そこで、アマテラスはまたしても八百万の神を召集して方策を練った。そして、今度は建御雷神《たけみかづちのかみ》（以下、タケミカヅチという）という勇猛

島根県の稲佐浜

な神を遣わすことになった。このタケミカヅチは文字通り雷神で、同時に剣の神格化でもある。勇猛で荒々しく、戦闘神としての性格を遺憾なく備えている。

また、タケミカヅチの天下りに際し、アマテラスは天鳥船神《あめのとりふねのかみ》（以下、アメノトリフネという）を従わせた。この神は「天之《あめの》石楠船神《いわくすぶねのかみ》」とも言われ、鳥のように天がける船を象徴したもので、古来、雷神の乗り物とされている。

さて、アメノトリフネに乗って高天原を出発したタケミカヅチはあっという間に出雲の伊耶佐《いざさ》の小浜《おばま》（現在の島根県出雲市の稲佐浜が伝承地）に下った。タケミカヅチは十拳剣を抜いて切先を上にして波頭に立て、凄《すさ》まじい形相でその上にあぐらをかいてオオクニヌシに次のように尋ねた。

「私はアマテラスとタカミムスヒとに遣わされた神である。豊葦原中国を天孫に譲るか否かについて、そなたの意向を聞いて来いと命じられた。そなたは豊葦原中国を天孫に譲る意向はおありなのだろうか？」

　これを聞いたオオクニヌシは次のように答えた。

「私の一存でお答えすることはできません。私の子の八重言代主神《やえことしろぬしのかみ》（以下、コトシロヌシという）にも意見を聞いてみなければなりません。しかし、あいにく、コトシロヌシは美保の岬に釣に出かけて不在です。帰って来たら意見をお聞きになるが良いでしょう」

　そう聞くが早いか、タケミカヅチはアメノトリフネを遣わせて、コトシロヌシを連れて来るように命じた。美保の岬でのんき気に釣を楽しんでいたコトシロヌシは豊葦原中国創建以来の一大事と知って、急いで駆けつけた。すると、そこには恐ろしい形相で国譲りを迫るタケミカヅチの姿があった。

　その姿に畏《おそ》れをなしたコトシロヌシは、即座に天孫に国を譲ることに同意した。そして、天の逆手《あまのさかて》を打って乗って来た船を傾け、その船を青柴垣《あおふしがき》に変えてその中に隠れてしまった。

ここで逆手を打つとは手を打ち鳴らす（拍手をする）呪術《じゅじゅつ》の一種である。逆手を打つことによって船は青柴垣に変わったのである。青柴垣は青い（常緑樹の）枝葉で作った垣のことで、その中に神霊が宿るとされる。今も神社で見られる神籬《ひもろぎ》のことである。

さて、いとも簡単にコトシロヌシを屈服させたタケミカヅチはさらにオオクニヌシに尋ねた。

「いま、そなたの子のコトシロヌシはハッキリと国を譲ると答えた。そなたには他にも意向を聞かなければならない子がお有りだろうか？」

「もう一人、建御名方神《たけみなかたのかみ》（以下、タケミナカタという）という子がいます。この子の意向は聞かなければなりません。他には意見を聞かなければならない子はおりません」

オオクニヌシがこのように答えているうちに、タケミナカタが千引《ちびき》の大岩（千人力でやっと引くことができるような大きな岩）を高々と頭上に差し上げて現れ、

「誰だ?! 私の国に来て国を譲れなどと無体なことを言っているのは?! 国を譲って欲しいと言うなら、先ず私と力比べをするが良い！」

このように言ってタケミカヅチの腕を摑《つか》んだ途端、タケミナカタの手は氷柱に変わ

タケミナカタが鎮座した諏訪大社

ってしまった。これを見たタケミナカタは恐れをなして引き下がった。すると、タケミカヅチはタケミナカタの腕を摑むが早いか、その腕をまるで葦の若葉のように握りつぶした上でタケミナカタを投げ飛ばした。

　タケミナカタは起き上がるが早いか、逃走したが、タケミカヅチがこれを猛然と追っかけた。そして、信濃《しなの》（現在の長野県）の諏訪《すわ》湖まで追い詰め、タケミナカタを殺そうとした。そのとき、タケミナカタは命乞《ご》いをして「恐れ入りました！　私は永久にこの諏訪の地にこもってどこへも行きません。だから、命だけは助けてください！　また、父のオオクニヌシの言葉にも、コトシロヌシの言葉にも背きません。この豊葦原中国は天孫に奉りましょう」と言った。

難航する豊葦原中国の平定

『古事記』の原文では豊葦原中国を「葦原の千秋長五百秋《ちあきながいおあき》の瑞穂国《みずほのくに》」と言っている。「豊葦原」は青々とした葦原を、稲穂が豊かに実る稲田に喩《たと》えたもの。「瑞穂国」は稲がすくすくと生長する国の意味で、豊葦原の瑞穂国は日本の美称である。そして「千秋長五百秋」は、そのような豊かな実りが幾千年も続くという意味である。

神話の中では高天原は大和を象徴し、豊葦原中国は出雲地方を象徴すると考えられている。日本海側に位置する出雲は朝鮮半島にも近く、大陸の文化をいち早く取り入れて早くから栄えていた。そのような豊かな土地は六世紀ごろから中央集権化を進めてきた大和朝廷にとって、極めて魅力的だった。そして、出雲を支配することによって大和朝廷は中央集権の基礎をより強固なものにすることができた。

しかし、そこには容易には屈服しない兵がたくさんいた。最初に派遣されたアメノオシホミミが「(葦原中国は) いたくさやぎてありなり (たいへん騒々しい様子だ)」といって途中から引き返してきたのは、そんな出雲の状況を反映している。

次に遣わされたアメノホヒはオオクニヌシに媚《こ》びへつらい、その次のアメノワカヒコはオオクニヌシの娘と結婚してしまう。まさにミイラ採りがミイラになってしまったのだ。たしかにアメノワカヒコには、この国を我が物にしようとの下心があった。しかし、二人がこの地に定住したことは、オオクニヌシの温和な人柄とともに、そこが居心地のよい土地であったことを示しているのではないだろうか。

このように、豊葦原中国の平定は難航を極めたが、最後に強面《こわもて》のタケミカヅチが一気に決着を図る。記紀の神話は、大和朝廷の最重要案件だった出雲の支配という史実を反映したものと考えられる。そして、実際に出雲が朝廷の支配化に置かれたのは六世紀以降のことと考えられている。しかし、その後も出雲国は朝廷から特別に重きを置かれ、独立性を保ちながら発展を遂げてきたのである。

◆オオクニヌシの国譲り

諏訪《すわ》でタケミナカタを屈服させたタケミカヅチは、再び出雲に戻って来た。そして、今度は豊葦原中国の首長であるオオクニヌシの意向を尋ねた。

「あなたの子のコトシロヌシとタケミナカタは天孫の仰せに従って背かないと明言した。そこで、最後にあなたの御意向をうかがいたいのだが?」

これを受けてオオクニヌシは即答した。

「子どもの二柱の神が申し上げた通り、私も天孫に背きません。豊葦原中国はことごとく献上いたします。ただ、それについては一つお願いしたいことがあります。私の住処として天神の御子（天皇）の宮殿（御所）に勝るとも劣らない壮麗な館を建てていただきたいと思います。そうすれば私は遠い幽界に隠退いたしましょう。また、私には先の二柱の神以外にも多くの子どもがおります。しかし、彼らもみなコトシロヌシに従って背くものはありますまい」

オオクニヌシの出した条件を認めたアマテラスは、出雲の多芸志《たぎし》の小浜（所在不詳）に神聖な神殿を建設した。そして、水戸《みと》の神（河口を司《つかさど》る神）の孫の櫛八玉神《くしやたまのかみ》

（以下、クシヤタマという）が料理人になって神饌《しんせん》（神に捧《ささ》げる食事）を奉ることになった。このとき、クシヤタマは鵜《う》に変身して海底に潜り、粘土をくわえてきて神饌を盛るためのたくさんの平たい皿（かわらけ）を作った。また、海草の茎をたくさん採って来て、火鑽臼《ひきりうす》と火鑽杵《ひきりぎね》を作って神聖な火をおこした。そして、クシヤタマは火をおこしながら、次のようなお祝いの言葉（祝詞）を述べた。

「私がおこした火は、高天原ではカムムスヒの立派な新築の宮殿に煤《すす》が長々と垂れ下がるまで燃え続け、下界では地下深くに横たわる岩盤に届くまで燃え続けるでしょう。つまり、天界でも下界でも永遠に燃え盛るという意味である。そして、楮《こうぞ》の繊維で作った千尋《ちひろ》もある長い縄を海中に垂らし、口が大きく、尾鰭《おびれ》の長い立派な鱸《すずき》を釣り上げ、器もたわむほど盛り付けた魚料理を献上します」

こうして、豊葦原中国の平定は完了した。そして、タケミカヅチは高天原に帰り、アマテラスに一部始終を報告した。

火鑽臼と火鑽杵

神に神饌を捧げることは、神事祭りの重要な要素である。神饌にはお神酒《みき》や塩、水をはじめ、米、野菜、魚などさまざまなものがあり、一般の神社では調理されないものを捧げるのがふつうである。

調理していない生のままの神饌を「生饌《せいせん》」、調理したものを「熟饌《じゅくせん》」と言うが、熟饌を供えるのが本来の姿で、その土地でとれる旬《しゅん》の食物を中心に供える。伊勢《いせ》神宮などの古社では、今も毎日、熟饌が供えられるが、調理する火は穢《けが》れを祓《はら》った神聖な火（これを忌火《いみび》という）でなければならない。そして、忌火をおこすのに用いられるのが火鑽臼と火鑽杵だ。本文では火鑽臼と火鑽杵を海藻で作ったと記されているが、ふつうはヒノキなどの細長い板に窪《くぼ》みを作り、その穴に先の尖《とが》った細長い木の棒を入れて強く揉《も》んで火をおこす。

伊勢神宮でも火鑽臼と火鑽杵で毎日、調理の火をおこしているが、出雲《いずも》大社ではこれが特別に重要視されている。火鑽臼と火鑽杵は歴代の宮司によって厳重に管理され、日々の忌火は宮司がおこすしきたりになっている。

出雲大社の宮司は天孫のアメノホヒ（七二頁を参照）の末裔《まつえい》とされ、宮司職は出雲の国造《こくそう》（世襲の地方官。今の県知事に相当）が代々世襲して務める。現在まで宮司家の千家家は八十四代、一三〇〇年以上続き、日本で最も長く続いている由緒正しい家系である。今でも、出雲の人たちは「宮司さん」とは言わず、「国造

熊野大社

さま」と言って敬っている。

宮司が亡くなると、新任の宮司（通常は長子）は前宮司の喪に服することなく、「お火所」と呼ばれるところに籠《こも》って「火継ぎ神事」という特殊神事を執り行う。このとき、火鑽臼と火鑽杵を使っておこした火で神饌を調理し、それをオオクニヌシをはじめとする神に捧げ、自らもその神饌を食する。以降、出雲大社の宮司は生涯にわたって日々、火鑽臼と火鑽杵で火をおこし、江戸時代まではこの火で調理したもの以外は食べることがなかった。

また、火鑽臼と火鑽杵は年に一度、新調されるが、新しい臼と杵は出雲大社から数キロ離れた熊野大社にある。熊野大社はスサノオが出雲で最初に宮殿を建てた場所とされ、出雲大社に継ぐ格式を持つ古社だ。毎年、十月十五日、熊野大社で「鑚火祭《さんかさい》」という神事が行われ、この神事で出雲大社の宮司が出向いて新しい臼と杵を受け取るのである。

宮司は餅《もち》などのみやげ物を持参し、丁重な挨拶《あいさつ》をして新しい臼と杵を所望する。宮司には亀太夫《かめだゆう》という貧相な老人が一人で応対するのだが、この亀太夫が一筋縄では行かない。今年の餅は小さいとか、色が悪いなどとケチをつけて、なかなか臼と杵を渡そうとしない。そんなやり取りがしばらく続いた後、亀太夫は渋々、臼と杵を渡す。

実に滑稽《こっけい》な神事だが、その一部始終を通して火鑚臼と火鑚杵がいかに大切なものかが分かる。国造として出雲で絶大な権威を持つ宮司でさえ、得体の知れないみすぼらしい老人に平身低頭しなければ臼と杵を手に入れることができない。火は神に捧げる神聖な神饌を調理する大切なものであると同時に、人間の生命をつなぐ食事を調理するのに不可欠なものでもある。その意味で火鑚臼と火鑚杵は命の根元と言うことができる。そして、その命の根元を手に入れるのは並大抵のことではない。「鑚火祭」の神事にはそんな意味が込められているように思える。

壮麗な出雲《いずも》大社の神殿

『古事記』の原文にはオオクニヌシが所望した神殿について「地底の岩盤に太い宮柱をシッカリと立て、高天原に届くほど高く千木を掲げ」とある。平安時代の文書には「雲太《うんた》、和二《わに》、京三《きょうさん》」という言葉が見える。雲太とは、出雲大社の神殿のことで、これが一番大きいという意味。和二は東大寺の大仏殿が二番目という意味。京三は京都の御所の宮殿が三番目という意味である。当時から出雲大社の神殿が日本一の大きさを誇ったことを示している。

現在の神殿は地面から千木先までの高さが八丈《はちじょう》（地上約二四メートル）だが、平安時代には倍の一六丈（約四八メートル）、古代にはさらにその倍の三二丈（約九六メートル）の大建築だったと言われている。古代の三二丈というのは俄《にわか》に信じ難いが、平安時代の一六丈に関しては近年の発掘調査などによってほぼ確認されている。その心御柱《しんのみはしら》（建物の中心を支える柱）は直径二一メートルほどもある柱を三本束ねたものだったと考えられ、現在、出雲大社の神殿の前の石畳には赤い御《み》影石《かげいし》で当時の柱の跡が象られている。

また、古代の九六メートルの神殿について、近年、復元図や復元模型などが作られた。古代の神殿は現在の神殿の南側の海の中に建てられていたといい、海岸から一二〇メートルに及ぶ引き橋を渡って神殿に至ったと考えられている。しかし、こちらはあくまでも推測の域を出ない。

大黒柱と出雲大社の神殿

家の中心にあって棟まで届く柱を大黒柱というが、この言葉のルーツは出雲大社の心御柱にある。伊勢神宮にも本殿の中心に心御柱はあるが、こちらは床下で止まっている。これに対して、出雲大社の心御柱は地面から屋根の下まで伸びて建物をシッカリと支えているのだ。

また、出雲の祭神のオオクニヌシ（大国主命）の「大国」と仏教で庫裏《くり》などを守護するとされる大黒天の「大黒」の音が共通することから、鎌倉時代ごろから二神は同一視されるようになった。今も出雲の人たちは大社の祭神をオオクニヌシとは言わず、「だいこくさま」と呼んでいる。

そして、大黒柱は一般に黒光りしていることも、大黒天とイメージが重なった。このことから、民家の中心にあって屋根の下まで届く太い柱を大黒柱と呼ぶようになった。転じて、家や国を中心になって支える人のことを大黒柱と呼ぶようになった。

出雲大社神殿

古代出雲大社復元図（画：張仁誠　提供：（株）大林組）

第四章

天孫降臨にまつわる神話

◆天孫瓊瓊杵尊《ににぎのみこと》の誕生

建御雷神《たけみかづちのかみ》（以下、タケミカヅチという）の活躍によって豊葦原中国は平定され、大国主命《おおくにぬしのみこと》（オオクニヌシという）とその御子神たちも天孫に国を譲ることに同意した。これを受けて天照大御神《あまてらすおおみかみ》（以下、アマテラスという）は、天之忍穂耳命《あめのおしほみみのみこと》（以下、アメノオシホミミという）に豊葦原中国に天下るように命じた。アメノオシホミミは最初にアマテラスに降臨を命じられたが、未だ中国が混乱していることから、天下るのは時期尚早と判断して天の浮橋から戻って来た神である（一〇五ページを参照）。

今度もこの神に天下って豊葦原中国を統治するように命じたのだが、降臨の準備をしている間に新たな神が生まれた。この神こそが有名な天孫瓊瓊杵尊《ににぎのみこと》（以下、ニニギノミコトという）で、アメノオシホミミが高木神《たかぎのかみ》（造化《ぞうか》三神の一柱、高御産巣日神《たかみむすひのかみ》〈以下、タカミムスヒという〉の別名）の娘の万幡豊秋津師比売命《よろずはたとよあきずしひめのみこと》と結婚して生まれた子どもである。アメノオシホミミはこの神こそ降臨させるのにふさわしい神であると、アマテラスに進言する。

そして、アマテラスもアメノオシホミミの進言に同意して、ニニギノミコトを天下らせることにした。

なぜニニギノミコトが降臨したか

アマテラスはアメノオシホミミの進言をすんなりと受け入れ、急遽《きゅうきょ》、生まれたばかりのニニギノミコトを降臨させることにした。なぜ、このような結果になったのか、記紀の文面からはハッキリしたことは読み取ることができない。しかし、次のように推察することができるだろう。

アメノオシホミミはアマテラスと建速須佐之男命《たけはやすさのおのみこと》（以下、スサノオという）の誓約《うけい》の結果、生まれたアマテラスの子どもである。これに対して、ニニギノミコトは造化三神の一柱であるタカミムスヒの娘の子、つまり、別天津神《ことあまつかみ》の直系の孫に当たる。アメノオシホミミは造化三神の孫という血統の正しさを理由に、ニニギノミコトの方が自分よりも天下るに相応《ふさわ》しい存在であると判断した。神話の記述のみからは、そのように読み取ることができないだろうか。

また、ニニギノミコトは正式には天邇岐志国邇岐志天津日高日子番能邇邇芸命《あめにきしくにきしあまつひこひこほのににぎのみこと》という長い名前がついている。天邇岐志国邇岐志は天地が豊かに賑《にぎ》わうという意味。天津日高は天神の美称。日子は男性の美称。番能邇邇芸は稲穂が豊かに実る様をあらわしているという。つまり、ニニギノミコトの長い長いフルネームには穀物を豊かに実らせる穀物神という意味が込められているのだ。

　先にアマテラスは豊葦原中国は天孫が治めるべき国であると言った。そして、豊葦原中国は古くから日本人の祖先が稲作を中心とする農耕を営んできた国土だった。万物を創造する造化の神であるタカミムスヒと作物の生長にとって不可欠の太陽神であるアマテラスの血を引くニニギノミコトは豊葦原中国の守護神として最も相応しい神だった。そして、それに相応しい名が与えられたのである。

◆天孫降臨

　さて、いよいよニニギノミコトが降臨しようとしたとき、高天原から下界に向かう道の辻《つじ》に強い光を放つ神がいた。その光は上は高天原を照らし、下は豊葦原中国を照らしていた。『日本書記』（以下、「書紀」という）には、猿田《さるた》毘《ひ》古神《このかみ》（以下、サルタヒコという）について七咫《あた》（一咫《あた》は拳《こぶし》一握りの幅）もある長い鼻を持ち、身長七尺あまり、

高千穂の峰々

口の端が明るく光り、目は八《や》咫鏡《たのかがみ》のように光り輝いていると記されている。

このような容貌魁偉《ようぼうかいい》な神が降臨の途中にいることを知ったアマテラスは、天宇受《あめのうず》売神《めのかみ》（以下、アメノウズメという）に命じて「お前はか弱い女性であるが、向かい合った相手に対しては気後れすることなく渡り合える神だ。だから、あの強い光を放つ神のところに行って、いったい何者なのか尋ねてきなさい」と言った。

そこで、アメノウズメはその神の元に急行して問い質《ただ》したところ、その神は「私は国神で、名はサルタヒコと申します。天神の御子が降臨されると聞いて、御先導の役をさせていただきたく、お迎えに参りました」と答えた。アメノウズメはこれを聞いて安堵《あんど》し、サルタヒコにニニギノミコトを先導してもらうことにした。

こうしてサルタヒコを先導役に、アメノウズメ、天児屋命《あめのこやねのみこと》（以下、アメノコヤネという）、布刀玉命《ふとだまのみこと》（以下、フトダマという）、伊斯許理度売命《いしこりどめのみこと》（以下、イシコリドメという）、玉祖命《たまのおやのみこと》（以下、タマノオヤという）を加えて天孫ニニギノミコトの降臨の準備が整った。

このとき、アマテラスは八尺瓊勾玉《やさかにのまがたま》と八咫鏡、草薙剣《くさなぎのつるぎ》をニニギノミコトに授け、「この鏡は私の御魂そのものである。私を拝むのと同じ気持ちでこの鏡をまつりなさい」と言った。八咫鏡と八尺瓊勾玉は岩戸隠れのときにアマテラスを岩屋から引き出すのに威力を発した神宝、草薙の剣はスサノオがヤマタノオロチを退治した際にオロチの胴体から出てきたものである（八八ページを参照）。これら三つの神宝がいわゆる「三種の神器」で、現在にいたるまで歴代天皇の証しとして継承されている。

このようにして準備がすっかり整った天孫一行は、いよいよ高天原を出発し、天に幾重にも棚引く雲をかき分けながら、一気に下界を目指し、筑紫《つくし》の日向《ひむか》の高千穂《たかちほ》の霊峰に降り立った。

高千穂の峰に立って周囲を見渡したニニギノミコトは「この地の一方（西）は朝鮮

半島に対峙《たいじ》しており、また一方（東）は笠沙《かささ》の御碕《みさき》（現在の薩摩《さつま》半島の西端と考えられる）まで一直線に道が通じている。だから、朝日がまともに差し、夕日が明るく照らす。まさに、吉祥の土地である」と言ってたたえた。

そして、地底に磐石に届く太い宮柱を立て、天空に高々と千木を聳《そび》えさせた壮麗な宮殿を建てて、そこに住まうことにした。

天孫降臨に従った神々

先に述べたように天孫降臨にはアメノコヤネ以下五柱の神のほか、思金神《おもいかねのかみ》（以下、オモイカネという）、天手力男神《あめのたぢからおのかみ》（以下、タヂカラオという）など数柱の神が従っている。

アメノコヤネからタマノオヤまでの五柱の神はアマテラスの岩戸隠れのときに活躍し（八〇ページを参照）、後に天皇家と関係の深い氏族の族長となった。アメノコヤネは中臣《なかとみ》氏（後の藤原氏）の祖神、フトダマは忌部《いんべ》氏の祖神、アメノウズメは宮中の祭事で舞いなどを奉納する猿女君《さるめのきみ》の祖神、イシコリドメは作鏡連《かがみつくりのむらじ》の祖神、タマノオヤは玉祖連《たまのおやのむらじ》の祖神とされている。

これらの五神のうち、中臣氏と忌部氏は宮中の神事を司《つかさど》る神祇《じんぎ》氏族の中核で、中臣の名は神と人との間をつなぐ臣（氏族）の意味、忌部氏は神事に欠かすことのできない物忌み（穢れを祓うこと）を司る氏族である。そして、猿女君は歌舞を奉納し、作鏡連と玉祖連は祭事に不可欠の鏡や勾玉《まがたま》などの製造に従事する氏族である。

また、オモイカネはアマテラスを岩屋から引き戻す策を練った、極めて思慮深い神である（七九ページを参照）。アマテラスはこの神に「私の祭に関する万端を取り扱いなさい」と命じたという。このほか、天忍日命《あめのおしひのみこと》（以下、アメノオシヒという）と天津久米命《あまつくめのみこと》（以下、アマツクメという）の二神が弓矢や太刀を携えて、護衛として降臨に従っている。アメノオシヒは大和朝廷の軍事力を担った大伴氏の祖神、アマツクメは大伴氏に従属して同じく朝廷の軍事を司った久米氏の祖神である。

◆木花佐久夜毘売命《このはなさくやびめのみこと》との出会い

降臨したニニギノミコトが笠沙の御碕に足を伸ばしたとき、そこで一人の美しい少女に出会った。ニニギノミコトは出会った瞬間にこの少女を気に入り、彼女の出自を尋ねた。すると、少女は、自分は大山津見神《おおやまつみのかみ》（以下、オオヤマツミという）の娘で、名は木花佐久夜毘売命（以下、コノハナサクヤビメという）といい、石長比売《いわながひめ》（以下、イワナガヒメという）という姉がいると告げた。

短い言葉を交わすうちに、ニニギノミコトはますますこの少女に惹《ひ》かれ、その場で結婚を申し出る。これに対してコノハナサクヤビメは、父親のオオヤマツミに相談しなければ、自分の一存で決めることはできないと、答える。ニニギノミコトは、すぐにオオヤマツミの元に使いの者を送り、結婚の許諾を求めた。

オオヤマツミはニニギノミコトが娘との結婚を希望していることを聞いて、大いに喜んだ。そして、結婚祝に多くの贈り物を献じたが、それとともに姉のイワナガヒメを付き添わせ、ニニギノミコトに姉妹ともども娶《めと》ってくれるようにと懇願した。

ところが、絶世の美女の妹に比して、姉のイワナガヒメは身体は頗《すこぶ》る丈夫だが、容姿は極めて醜かった。これを見たニニギノミコトは仰天して恐れをなし、すぐさまイワナガヒメを親元に送り返し、コノハナサクヤビメだけと結婚した。

オオヤマツミが姉妹ともども娶ってくれるように、ニニギノミコトに願ったのは次のような理由からだった。頑強なイワナガヒメとの間には巌《いわお》のように磐石で、永遠に近い寿命を保つ天孫が生まれるであろう。いっぽう、美しいコノハナサクヤビメは天孫に木の花が咲き誇るような繁栄をもたらすであろう。

つまり、姉妹を共に娶ることによって、天孫は永遠の寿命と繁栄との両方を手に入れることができた。しかし、ニニギノミコトがコノハナサクヤビメだけを娶ったので、繁栄は手にしたものの、天孫（後の天皇）の寿命は限りあるものになってしまったのである。

ともあれ、コノハナサクヤビメと結婚したニニギノミコトは一夜の契《ちぎ》りを結んだ。そして、それから間もなくコノハナサクヤビメは身籠《みごも》ったことを夫に告げた。すると、ニニギノミコトはたった一夜の交わりで妊娠したことに疑いを抱き、身籠った子どもは自分の子ではなく、国神の子に違いないと決めつけた。

このように言われて憤慨したコノハナサクヤビメは、疑いを晴らすべく「そのように疑われるなら、私は産屋《うぶや》に火を放ってその中でお産をしましょう。もし、あなたのおっしゃる通り、国神の子であれば、無事に生まれることはないでしょう。しかし、私が申し上げた通りあなたの子（天神の子）であれば、燃え盛る火の中で無事に生むことができるでしょう」と言った。

出産が近づくとコノハナサクヤビメは戸口のない大きな産屋を造らせ、中に入って産屋の内側を土で塗り固めた。いよいよ出産のときが来ると、産屋の中に火を放った。そして、火が燃え盛ったとき、火照命《ほでりのみこと》（以下、ホデリノミコトという）、火須勢理命《ほすせりのみこと》（以下、ホスセリという）、火遠理命《ほおりのみこと》（以下、ホオリノミコトという）という三人の子ども（三柱の神）を次々に産んだ。

三人の子どものうち、ホデリノミコトは海佐知毘古（一般には海幸彦と表記。以下、ウミサチという）として、ホオリノミコトは山佐知毘古（一般には山幸彦と表記。以下、ヤマサチという）として知られている。

富士山の祭神となったコノハナサクヤビメ

富士山は日本一の霊峰として古くから崇められてきた。そして、記紀の神話が成立するとコノハナサクヤビメがその祭神として定められたのである。九州を舞台として活躍したコノハナサクヤビメが、なぜ東国の富士山の祭神になったかについては、いくつかの原因が考えられる。

一つには、富士山は奈良時代や平安時代にはたびたび噴火を繰り返し、奈良や

浅間神社と富士山

京都など遠く離れた地方に住む人々にも畏怖《いふ》の念を抱かせていた。そして、その活火山としての強烈なイメージが、記紀の神話に語られているようにコノハナサクヤビメが火の燃え盛る産屋で出産したという話と結びついたのだろう。

また、富士山は古くから日本一美しい山としても、人々を魅了してきた。その美しさが絶世の美女とされているコノハナサクヤビメの美しさとオーバーラップして、彼女が祭神としてまつられることになったのかもしれない。

このようなことから、後には古文献に富士山とコノハナサクヤビメを結びつけるエピソードが語られるようになった。『富士古文献』という書物によれば、出産を終えたコノハナサクヤビメは富士山の火口に身を投げたという。つまり、このときから富士山の祭神として鎮座したのである。また『ホツマツタヱ』という古文献によれば、天孫ニニギノミコトは富士山の山頂に降臨し、ここに宮殿を築いたと伝えられている。

静岡県富士宮市にある浅間神社の総本社、富士山本宮浅間神社をはじめ、全国には富士山を御神体とし、コノハナサクヤビメを祭神とする浅間神社が一三〇〇以上ある。そして、ほとんどの浅間神社ではコノハナサクヤビメを主祭神として、その父のオオヤマツミ、夫のニニギノミコトを合祀《ごうし》している。

◆海幸彦と山幸彦の物語

ウミサチとヤマサチの物語は神話の中でもよく知られているものの一つである。前項で述べたホデリノミコトがウミサチ、ホオリノミコトがヤマサチである。ウミサチは海で大小のさまざまな魚を捕り、ヤマサチは山でさまざまな鳥獣を捕ることを生業としていた。

あるとき、弟のヤマサチは兄のウミサチに「たまには猟具と漁具を交換して、兄上は山で、私は海で獲物を捕ってみてはいかがでしょう?」と、持ち掛けた。ウミサチはなかなかこれに応じなかったが、ヤマサチの再三にわたる懇願に負けて、ついに道具を交換することにした。

そして、ウミサチは弟の道具を携えて山に向かい、ヤマサチは兄の漁具を手にして海に向かって獲物を求めた。しかし、両者とも全く成果を上げることができなかった。しかもヤマサチは兄から借りた釣針を海の中でなくしてしまった。

ヤマサチは思案した。兄のウミサチは意地が悪くて一筋縄では行かない人だ。そんな折しも兄がやって来て「道具を交換して持ち場を変えても上手《うま》く行かない。やはり、餅《もち》は餅屋だ。この上は、道具を元に戻してお互いの持ち場に戻ろう」と言った。

このように言われたヤマサチは、当惑しながらも兄に釣針をなくしてしまったことを正直に告げた。これを聞いた兄は大いに憤慨し、針を探して来るようにと命じた。ヤマサチは途方に暮れた。大海原に消えた小さな針をどうやって探せばよいのか。その間にも意地の悪い兄は、針を返せと攻めたてた。

そこで、ヤマサチは身に帯びていた大切な十拳剣《とつかのつるぎ》を砕いて五百本もの針を作り、これを兄に差し出した。しかし、兄が受け取らなかったので、今度は千本の針を作って献じた。兄はこれも受け取らず、なおも元の針を返せと迫った。

窮地に陥ったヤマサチは深い悲しみに囚《とら》われ、海辺に佇《たたず》んで一人涙を流した。そのとき、一人の極めて貧相な老人がどこからともなく現れて、ヤマサチに声を掛けた。その老人の名は塩椎神《しおつちのかみ》（「書紀」では塩土老翁《しおつちのおじ》。以下、シオッチという）といい、風采《ふうさい》は上がらないが、こと海に関しては知らないことのない潮流を司る神だった。

ヤマサチが事情を話すと、老人は針を探す方法を教えてあげようと申し出た。そう言うが早いか、老人はその場で竹で見事な小舟を作り、ヤマサチにその舟に乗るようにと促した。そして、ヤマサチが小舟に乗り込むと、次のように言った。

「私が舟を押し出したらそのまま真っ直ぐお進みなさい。しばらく進んで良い潮路（潮流）に出会ったら、その潮路に乗ってお進みなさい。そして、ややしばらく行くと魚の鱗《うろこ》のように建物がならんだ御殿が見えてきます。そこが大綿津見神《おおわたつみのかみ》（以下、ワタツミという）の御殿です。ワタツミの御殿の門の傍らに泉があり、その傍らに神聖な桂の木があります。あなたは、その桂の木に登ってお待ちなさい。しばらく待つと、ワタツミの娘があなたを見つけて解決策を授けてくれるでしょう」

かくして、ヤマサチは教えられた通りに進むと、老人の言葉に寸分たがわない光景が現れた。そして、ヤマサチは教えられた通り桂の木に登って待った。ややしばらくすると、ワタツミの娘の豊玉毘売命《とよたまびめのみこと》（以下、トヨタマビメという）の侍女が泉に水を汲《く》みにやって来た。

侍女は泉に人影が映っているので、振り仰いで見ると木の上に立派な男性がいた。そのとき、ヤマサチは水を所望したので、侍女が泉の水を汲んで差し出した。しかし、ヤマサチはその水を飲まず、自分が身に着けていた首飾りの紐《ひも》を解き、勾玉を口に含んで水桶《みずおけ》の中に吐き出した。すると、勾玉が桶にくっついて取ることができなくなったので、侍女は勾玉が着いたまま水桶をトヨタマビメのところに持って行って、一部始終を報告した。

報告を聞いたトヨタマビメはすぐに門の外に見に行った。そして、立派なヤマサチの姿を見るなり、一目惚《ひとめぼ》れしてしまったのである。トヨタマビメは踵《きびす》を返して御殿に戻り父のワタツミに「我が家の門前にとても貴く立派な男性がいらっしゃいます」と告げた。

これを聞いたワタツミは自ら門の外に出てみると、木の上にいるのが天神の御子のヤマサチであるとさとった。ワタツミはすぐにヤマサチを御殿の中に案内し、たくさんのご馳走《ちそう》を作って歓待した。そして、間もなく娘のトヨタマビメと結婚させた。以降、ヤマサチは三年にわたってワタツミの御殿に滞在することになった。

竹細工の祖神となった塩椎神《しおつちのかみ》

塩椎神は一説にイザナキの子とされ、潮流を司る神として知られている。記紀の神話ではヤマサチにワタツミの国に行くように促し、さらには神武天皇《じんむ》に東方に繁栄した土地のあることを伝えて大和平定のきっかけを作っている（一四六ページを参照）。神話には風采《ふうさい》の上がらない老人というイメージで語られているが、重要な場面で登場しては有益な示唆を与えている。そして、海に関する情報を一手に握る神は、海に囲まれた国土に暮らす日本人にとっては極めて重要な地位を占める。

また、ヤマサチのために竹を用いて舟を作ったということから、竹細工の祖として崇められ、竹細工職人の守護神となった。さらには塩椎という名から製塩の祖としても崇められ、宮城県の塩竈《しおがま》神社の社伝には塩椎神が製塩法を伝えたのが起源であると伝えている。

◆海幸彦の服従

　ワタツミの国に来て以来、ヤマサチはトヨタマビメと何不自由のない幸せな暮らしをしていた。はじめのうちは自分がどういう理由でワタツミの国に来たのかも忘れていた。しかし、しばらくすると、失った針を返すという兄との約束を思い出し、ときどき深く溜息《ためいき》をつくようになった。

　夫が何か悩んでいる様子を心配したトヨタマビメは、父のワタツミに相談して「わが夫はここに来られた当初は何の悩み事もないようでしたが、最近ではしばしば深い溜息をついておられます。何か心配事がおありなのではないでしょうか？」と言った。

　これを聞いたワタツミがヤマサチに「今朝、娘が私のところに来て言うには、近ごろあなたはしばしば深い溜息をついておいでだとか。何か悩み事でもおありなのでしょうか。また、あなたはどんな理由で私の国にいらしたのでしょうか？」と尋ねた。

　このように言われたヤマサチは、自分が兄から借りた大切な釣針をなくしてしまい、代わりの針を作って弁償したが、兄はなくした針を返さなければ許さないと言い張ったこと。そして、シオツチに教えられて、なくした針を求めてワタツミの国に来たことを詳しく話した。

事情を聞いたワタツミは早速、協力することを誓い、先ず海中の大小の魚たちを召集し「お前たちの中に釣針を飲み込んでいるものはいないか？」と尋ねた。すると、魚たちが答えて「そういえば、近ごろ赤い鯛が喉《のど》に骨が刺さって満足にものを食べることができないと訴えております。鯛の喉に刺さっているのは骨ではなく、釣針に違いありません」と言った。

ワタツミは早速、鯛を呼び寄せてその喉を探ったところ、案の定、釣針が出てきた。ワタツミはその針を洗い清めてヤマサチに渡した。そして、手渡すときに次のように言った。

「この針を兄上にお返しになるとき『これは憂鬱《ゆううつ》になる釣針、気持ちがいらだつ釣針、貧しくなる釣針、愚かになる釣針』という呪文《じゅもん》をとなえ、後ろ手に釣針をお渡しなさい。そして、兄上が高い土地に田を作ったら、あなたは低い土地に、逆に兄上が低い土地に田を作ったなら、あなたは高い土地に田をお作りなさい。私は水を司る神ですから、つねにあなたの田が潤うように計らってさしあげましょう。そのようにすれば、兄上は三年のあいだ凶作に苦しまれるでしょう。また、もしも兄上が自分が苦しむのはあなたの仕業だとさとり、あなたを怨みに思って戦いを挑んでくるようでしたら、この潮盈珠《しおみつるたま》を用いて兄上を海で溺《おぼ》れさせなさい。そのとき、兄上が苦しんで許しを乞《こ》うようであれば、今度はこちらの潮乾珠《しおふるたま》を使って助けておあげなさい。このようにして、理不尽なことを要求してあなたを苦しめた兄上を懲らしめておやりなさい」

ワタツミにこのように教えられ、潮盈珠と潮乾珠という呪力のある二つの珠を授けられたヤマサチは豊葦原中国に帰還することになった。ワタツミの命により、一尋鰐魚という魚がヤマサチを送り届けることになり、わずか一日で豊葦原中国に帰ることができた。そして、兄に後ろ手で釣針を返し、その後はワタツミに教えられた通りのことを実行した。すると、予言通り、兄のウミサチはしだいに貧しくなり、ヤマサチを怨んで激しく攻めてきた。ヤマサチは潮盈珠と潮乾珠を自在に操って兄を存分に懲らしめた。

苦しみに耐えかねたウミサチは、ついに弟に頭を下げて「私はこれから後は、昼夜を分かたずあなたの守護人となってお仕えいたしましょう」と誓った。

◆山幸彦の子孫

ウミサチを服従させ、天孫の正統として豊葦原中国に君臨することになったヤマサチの元に、先に結婚したトヨタマビメが訪ねて来た。そして、自分は以前から身籠っていたが、今、出産の時期を迎えた。天神の御子は海で産むべきではないと考えて、こうして地上に出て来たのだと告げた。

これを聞いたヤマサチは、すぐにトヨタマビメが上陸してきた海辺に産屋《うぶや》を建てた。その産屋の屋根は萱《かや》の代わりに海鵜《うみう》の羽を使って葺いたが、屋根を葺き終わらないうちに陣痛が激しくなったので、トヨタマビメは葺き掛けの屋根の産屋に入った。そして、いよいよお産が始まるとトヨタマビメは「出産のときには、みな自分が生まれ故郷にいたときの姿になります。私も本来の生みの生き物の姿になって、子を産みます。その姿を見られることはたいへん恥ずかしいことなので、決してご覧にならないでください」と言って、ヤマサチを厳しく戒めた。

しかし、そのように言われると見たくなるのが人情である。神と言えどもその心理は変わらない。ヤマサチは産屋の隙間からそっとお産の様子を窺《うかが》った。すると、トヨタマビメは八尋《やひろ》もある大鰐に変身し、身を捩《よ》じらせて這《は》い回りながら子どもを生んだ。この光景を見たヤマサチは大いに驚き、恐れをなしてその場から逃げ去ってしまった。

いっぽう、自分の醜い姿を夫に覗《のぞ》き見されたことを知ったトヨタマビメは「私はいつまでも海中の道を通ってワタツミの国と豊葦原中国とを行き来して子どもを育てよ

う と思っておりました。しかし、私の醜い姿をあなたに見られた以上、もうあなたに会わせる顔がございません」と言って、生まれたばかりの子を残してワタツミの国に帰って行ってしまった。

しかし、そうは言っても夫を慕う気持ちまでも失ってはいなかった。そして、何よりも残してきた子どものことが気掛かりでならなかった。そこで、間もなくトヨタマビメは妹の玉依毘売命《たまよりびめのみこと》（以下、タマヨリビメという）を遣わし、子どもの養育に当たらせることにした。

ヤマサチとトヨタマビメとの間の子どもは、鵜の羽で屋根を葺き終わらないうちに生まれたことから鵜葺草葺不合命《うがやふきあえずのみこと》（以下、ウガヤフキアエズという）と名づけられた。そして、ウガヤフキアエズは長じて叔母《おば》で自らを養育したタマヨリビメを娶った。そして、二人の間には五瀬命《いつせのみこと》（以下、イツセノミコトという）、稲氷命《いなひのみこと》（以下、イナヒノミコトという）、御毛沼命《みけぬのみこと》（以下、ミケヌノミコトという）、若御毛沼命《わかみけぬのみこと》（以下、ワカミケヌノミコトという）の四柱の御子が生まれた。このうち、二番目のイナヒノミコトは海を渡って常世《とこよ》の国に行き、三番目のミケヌノミコトは亡き母の故郷である海原に赴いた。

最後に生まれたワカミケヌノミコトはまたの名を神倭伊波礼毘古命《かむやまといわれびこのみこと》（以下、イワレビコという）といい、初代、現人神《あらひとがみ》神武天皇のことである。このイワレビコが長子のイッセノミコトとともに東征して大和を平定するのである。
そして、ヤマサチはニニギノミコトの降臨の地である高千穂の宮に五八〇年の長きにわたって君臨したといい、崩御した後は高千穂の峰の西に御陵を築いて葬られたという。

ニニギノミコトから神武天皇まで

瓊瓊杵尊《ににぎのみこと》
　｜―木花佐久夜毘売命《このはなさくやびめのみこと》
火遠理命《ほおりのみこと》（山佐知毘古）
　｜―豊玉毘売命《とよたまびめのみこと》
鵜葺草葺不合命《うがやふきあえずのみこと》
　｜―玉依毘売命《たまよりびめのみこと》
若御毛沼命《わかみけぬのみこと》（神武天皇）

◆神武天皇の東征

イワレビコ（神武天皇）は兄のイッセノミコトとともに日向の高千穂宮に住んでいた。あるとき、二人は将来について語り合い、いま住んでいる日向よりも、さらなる繁栄が期待できる土地はないものかと思案した。二人が議論していると、どこからともなくシオツチが現れ、「東の方に美しく繁栄した国があります。その土地は四方を青々とした山々に取り囲まれています」と告げて再び姿を消した。

これを聞いた二人は、東の方に都の地を求めることにし、さっそく準備を整えて日向国を出発することにした。臣下を伴って日向を出立した二人は、しばらく北上して豊国の宇佐（現在の大分県宇佐市）に至り、ここで当地を治めていた宇沙都比古《うさつひこ》、宇沙都比売《さつひめ》の饗応《きようおう》を受けた。

宇佐を後にした一行はさらに北上して筑紫《つくし》に至り、ここに岡田宮（現在の福岡県遠賀郡芦屋町あたりが伝承地）を築いて一年間、留まった。

その後、海を渡って安芸国《あき》に至り、ここに多祁理宮（広島県安芸郡府中町あたりが伝承地とされている）を営んで七年間滞在した。さらに、吉備国《きび》に移り、ここに高島宮（岡山県玉野市あたりが伝承地とされている）を築いて八年間留まった。

そして、高島宮からさらに東に向かって船を漕《こ》ぎ出し、速吸門《はやすいのと》（九州と四国の間にある豊予海峡《ほうよ》）に差し掛かったとき、亀に乗って釣糸を垂れ、両袖《そで》を羽ばたくように振りながら近づいてくる者がいた。

イワレビコが不思議に思ってその正体を尋ねると、自分は国神であると答え、海路については良く知っていると言う。さらにイワレビコが自分に従って仕える気持ちがあるかどうかと問うと、国神は「お仕えいたしましょう」と答える。そこで、イワレビコは国神に竿《さお》を差し渡し、自分の船に乗り移らせた。そして、この国神に槁根津日子《さおねつひこ》（以下、サオネツヒコという）という名を授けた。このサオネツヒコは大和の国《くにの》造《みやつこ》の祖先である。

さて、サオネツヒコの案内で無事に速吸門の早瀬を通過した一行は、波速《なみはや》の渡《わたり》を経て白肩津《しらかたのつ》の港（東大阪市日下町あたりにあったとされる港）に船を停めた。しかし、この地では登美《とみ》（奈良市富雄町の古名）の那賀須泥毘古《ながすねびこ》（以下、ナガスネビコという）が軍勢を挙げて一行を待ち受けていた。

ここで激しい戦いとなり、イワレビコの兄のイツセノミコトは手にナガスネビコの矢を受けて深手を負った。このとき、イツセノミコトは「私は日の神の御子（アマテラスの子孫）であるにもかかわらず、日に向かって戦ったのが良くなかった。だから、卑しい者の矢を受けて深手を負ったのだ。今から日を背にして戦い、敵を撃ちとってやろう」と言って、南の方から大きく回り込んでナガスネビコを攻撃しようとした。途中、傷が悪化したために海水で手を洗って血を拭《ぬぐ》った。そこで、その辺りの海（大阪府南部の海）を血沼海《ちぬのうみ》と呼ぶようになった。ところが、男之水門《おのみなと》（大阪府泉南市男里にあった船着場）に至ったとき、傷が悪化してついに亡くなってしまった。イッセノミコトは最期まで雄々しく振る舞ったという。そこで、亡くなった港を男之水門と名づけたのである。亡骸は紀伊国の竈山《かまやま》（和歌山市和田）に葬られた。

苦戦した東征の序盤戦

イワレビコ（神武天皇）の東征神話の序盤戦が語られている。日向を出発したイワレビコ一行は宇佐の神の饗応を受けた。このとき、宇佐の神は足一騰宮《あしひとつあがりのみや》という社を作って、ここに大御饗《おおみあえ》（天皇に献じる食べ物）を献じたという。足一騰宮は一柱騰宮《あしひとつあがりのみや》ともいい、階段を一段上がっただけの簡素な社であるが、これを作って大御饗を献じたということは宇佐の豪族がイワレビコ、つまり大和朝廷の祖となる一族に服従したことを表している。イワレビコの東征の序盤戦は順調に進んだことが窺える。そして、安芸国《あきのくに》（現在の広島県西部）や吉備国《きびのくに》（現在の岡山県）に七年、八年と長きにわたって滞在したというのは、あるいはこの辺りに本格的に都を定めようとの考えがあったのかもしれない。しかし、さらなる繁栄の地を求めて再び東征を開始した。

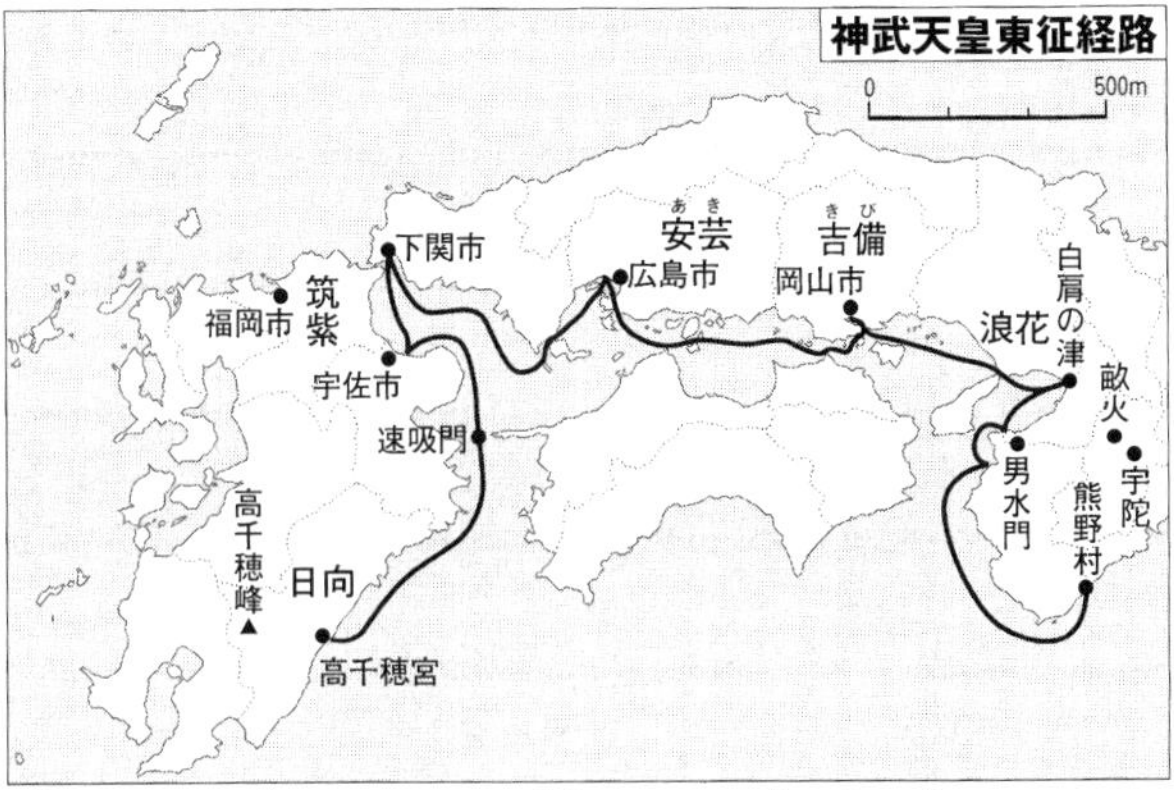

そして、速吸門を経て白肩津に停泊し、ここからいよいよ上陸しようとした。しかし、待ち受けていたナガスネビコの軍勢の攻撃を受けて敗退し、兄のイッセノミコトを失うという痛恨の痛手を受ける。大和平定に至るにはまだまだ困難が山積していた。

ちなみに、『日本書紀』の記述によればイワレビコ一行が日向を出発したのは、天孫ニニギノミコトが高千穂の峰に降臨してから、百七十九万二千四百七十余年後のことと伝えている。

ところで、イワレビコ一行は吉備国から速吸門を経て白肩津に到着したことになっている。しかし、白肩津は現在の東大阪あたりで、速吸門は四国と九州との間にある豊予海峡のことで、吉備国から大阪に至る順路としては無理がある。順路から言えば、日向を出発して宇佐に至る前に速吸門を通過することになる。

これは、別個に伝承されていたサオネツヒコの物語を後から挿入する際に、位置関係を誤ったものと考えられている。記紀の神話には各地に伝承されたさまざまな神話、伝説が取り入れられていることは前にも述べた。そして、こういったミステイクを見ると、記紀編纂者たちの編纂当時の様子が生き生きと蘇《よみがえ》って来るような気がする。これも神話を読む醍醐味《だいごみ》だ。

◆態勢を建て直したイワレビコの軍勢

ナガスネビコの攻撃によって手痛い打撃を受け、兄のイツセノミコトを失ったイワレビコは退却を余儀なくされた。しかし、イワレビコは東征を諦《あきら》めることはなかった。再び軍勢を建て直したイワレビコは紀伊水道を南下して南に大きく迂回《うかい》し、熊野から上陸することにした。

かくして、一行が上陸すると、遠くに巨大な熊が見え隠れして威嚇した。すると、イワレビコは俄《にわか》に正気を失ってその場に倒れ、従えていた兵士たちもことごとく気絶してしまった。その熊は熊野の荒ぶる神の化身で、一行の侵攻を妨げるために遣わされたのだった。

イワレビコ一行が気絶しているところへやって来たのが、高倉下《たかくらじ》（以下、タカクラジという）という人物だった。タカクラジは宝物や米などを貯蔵する高い倉を管理している人で、豊葦原中国で天神に忠実に仕えていた。そのタカクラジがアマテラスの命により、高天原から太刀を授かり、その太刀をイワレビコの元に持参したのだった。

タカクラジが太刀を献上すると、イワレビコは俄に身を起こし「ずいぶん長い間、寝ていたものだ！」と言った。そして、イワレビコが太刀を受け取ると熊野の荒ぶる神たちは一斉に退散し、随行していた兵士たちも正気に戻った。

この一件を不思議に思ったイワレビコは、タカクラジが何ゆえ太刀をもって現れたのかと尋ねた。タカクラジはイワレビコに太刀を献上した理由を次のように語った。

それによると、その朝、アマテラスと高木神《たかぎのかみ》がタカクラジの夢枕に立った。両神はタケミカヅチを呼んで「豊葦原中国はひどく騒然としている様子で、イワレビコたちは苦戦を強いられている。もともと豊葦原中国はそなたが平定した国である。だから、そなたが降って行って天孫の一行を助けておあげなさい」と言った。

これに対してタケミカヅチは「私が降るには及ばないでしょう。私がこの国を平定したときに威力を発揮した太刀がございます。この太刀を下してイワレビコさまに献上すれば、必ずや事は収まります」と答えた。

そして、タケミカヅチはタカクラジに向かって「お前が管理している倉の屋根に穴を開けて、そこから太刀を落とし入れることにする。お前は朝起きて、その縁起の良い太刀を見つけたら、すぐにイワレビコに献上しなさい」と命じた。

翌朝、タカクラジが目覚めてさっそく倉の中を調べると、夢告の通り太刀があったので、急いでイワレビコに献上しに来たのだという。

この太刀は布都御魂《ふつのみたま》といい、タケミカヅチがオオクニヌシと国譲りの交渉をしたときに携えて行ったものである。今（『古事記』編纂の時代）は石上《いそのかみ》神宮に大切にまつられている。

さて、イワレビコの軍勢が元気を取り戻して再び行軍を開始しようとしたとき、高木神は「ここ（今の新宮あたり）から奥には、まだまだ荒ぶる神が跋扈《ばっこ》している。だから、迂闊《うかつ》に進軍してはならない。今、高天原から一行の先導役として八咫烏《やたがらす》を遣わそう。この烏の後について進みなさい」と忠告した。

高木神の忠告に従って、一行は八咫烏の先導で進んで行った。吉野川（現在の熊野川）をしばらく進むと、川の中で漁をしている者に出会った。イワレビコが素性を尋ねると、その者は国神で名を贄持之子《にえもつのこ》といい、神饌《しんせん》（神に供える食事）に用いる魚鳥を捕ることを生業としているという。

イワレビコの一行はさらに進み、山中に入った。すると、尾の生えた者が巌《いわお》を押し分けて出てきた。そこでイワレビコが素性を尋ねると、自分は国神で名を石押分之子《いわおしわくのこ》といい、今、天孫がお出《い》でになると聞いて迎えに来たのだと言う。一行は八咫烏とこれらの人々の先導により、山を越えて宇陀《うだ》（奈良県宇陀市菟田野町《うだのちょう》あたり）に至ったのである。

神武天皇が通った熊野奥駆けの道

記紀の神話ではイワレビコ一行は、熊野の新宮あたりに上陸した後、熊野川を遡《さかのぼ》って山を越え、そこから奈良県の宇陀に至ったとある。しかし、熊野川の中流付近から宇陀に至る道程の詳細は述べていない。

皇軍が進んだのは、大峰山《おおみねさん》（一七一九メートル）を経て吉野の金峰山寺《きんぷせんじ》に至る急峻《きゅうしゅん》な山岳地帯で、中世以降は熊野奥駆《おくが》けの道として修験道《しゅげんどう》のメッカになった

玉置神社

ところである。明治の神仏分離《しんぶつぶんり》で修験道が禁止されたことから、久しく途絶えていたが戦後、山伏《やまぶし》たちの修行の場として復活した。

熊野側の玄関口に玉置山《たまきさん》（一〇七六メートル）があり、ここから激しいアップダウンを繰り返しながら七日間の行程で吉野に至る。新宮を出発した皇軍は玉置山で小休止したと伝えられ、ここを出発する際にイワレビコは魔除けの勾玉《まがたま》の首飾りを山上に置き忘れて行ったという。このことから、玉置山と呼ばれるようになったと伝えられている。玉置山頂付近には神武天皇をまつった玉置神社という古社が鎮座している。

◆兄宇迦斯《えうかし》・弟宇迦斯《おとうかし》

急峻な山岳地帯を踏破したイワレビコ一行は、宇陀に近づいた。この宇陀の地には兄宇迦斯（以下、エウカシという）、弟宇迦斯（以下、オトウカシという）という兄弟が君臨していた。兄のエウカシは軍勢を集めて皇軍を討とうと考えたが、満足に兵士を集めることができなかった。そこで、表向きは服従する姿勢を見せ、イワレビコのために立派な御殿を建て、その御殿の中に罠《わな》を仕掛けて一行の到着を待っていた。

そのとき、弟のオトウカシがイワレビコを迎えに来て「兄のエウカシは軍勢を集めてあなた様を討とうとしましたが、満足に軍勢を集めることができませんでした。そこで、服従するような振りをしてあなた様をもてなすための御殿を作りました。しかし、その御殿の中には恐ろしい罠が仕掛けられており、兄はその罠であなた様を殺そうと考えています。私はあなた様が兄の卑劣な計画に掛からないように、急ぎ報告に参った次第です」と告げた。

オトウカシの話を聞いてイワレビコに従っていた二人の部下がエウカシを呼び出し、「お前が作った御殿には先ず自分から先に入れ」と言った。部下の一人は大伴連《おおとものむらじ》の祖先の道臣命《みちのおみのみこと》（以下、ミチノオミという）、もう一人は久米直《くめのあたい》等の祖先である大久米命《おおくめのみこと》（以下、オオクメという）で、二人とも武勇に勝れイワレビコの腹心として仕えていた。

ミチノオミとオオクメは、太刀の柄を握り締め、矛《ほこ》をしごき、弓に矢をつがえてエウカシを追い込んだ。恐れをなしたエウカシが御殿の中に逃げ込むと、たちまち、自ら仕掛けた罠に掛かって死んでしまった。これを見届けた二人は御殿の中に入り、エウカシの死体を引きずり出して太刀で斬り散らして止《とど》めを刺した。そのときエウカシの大量の血が飛び散ったので、この地（奈良県宇陀市室生区のあたりを伝承の地とする）を血原《ちはら》と呼ぶようになったのである。

邪悪な兄がいなくなると、オトウカシはイワレビコに服従することを誓い、たくさんのご馳走《ちそう》を献じて歓迎した。イワレビコはご馳走をすべて兵士たちに振る舞い、その宴席で次のような歌を詠《うた》った。

宇陀の高地の狩場で鴫《しぎ》の罠を仕掛けて待っていたら、お目当ての鴫はかからず、代わりに思いもよらない鯨がかかった。古妻（先に娶《めと》った妻）がおかずを欲しがったら、肉の少ないところを削ぎとってやるが良い。後妻（後から娶った妻）がおかずを欲しがったら、肉の多いところを削ぎとってやれば良い。

こう詠って、イワレビコは勝鬨《かちどき》を上げ、エウカシを討ち取ったことを喜んだ。

エウカシを討ち、弟のオトウカシを帰順させたイワレビコは宇陀からさらに進んで忍坂《おさか》というところ（奈良県桜井市）に至った。すると、この地では土蜘蛛《つちぐも》という尻《しり》に尾の生えたものどもが、首領の八十建《やそたける》を中心にして大きな岩屋に集結して一行を待ち構えていた。

これを知ったイワレビコは土蜘蛛たちにご馳走を振る舞うように命じた。そして、部下の兵士たちを料理人に仕立て、一人一人に密《ひそ》かに太刀を持たせて敵陣に送り込み、歌を合図に一斉に斬りかかるように命じた。準備が整うと、イワレビコは歌を詠った。

忍坂の大きな岩屋にどんなに大勢の兵が集まろうとも、勢い盛んな久米（朝廷の軍事を司《つかさど》った氏族）のつわものがすべて討ちとってしまおうぞ。久米部のつわものども！　今こそ太刀を抜いて討ち取れ！

この歌を合図に兵士たちは一斉に太刀を抜いて土蜘蛛に斬りかかり、皆殺しにしてしまった。

久米氏と大伴氏、そして久米歌

久米氏と大伴氏は古くから朝廷の軍事を司ってきた氏族で、久米氏は九州の隼人族の出身と伝えられ、四世紀ごろから台頭してきたと考えられている。その名は「熊襲《くまそ》」のクマと同一語源であるという。また、久米氏は軍事を司るとともに、膳部（朝廷の料理人）の役も務めたといい、料理人に扮して土蜘蛛の岩屋に潜入するくだりはこれを反映したものだ。

いっぽう、大伴氏は天孫降臨に随行したアメノオシヒ（一三〇ページを参照）の子孫で、五世紀ごろから著しく台頭してきた氏族で、その子孫には奈良時代の『万葉集』の編纂者の一人として知られる大伴家持がいる。

本文であらわしたように、『古事記』では大伴氏と久米氏は対等の立場でイワレビコに仕えたとあるが、「書紀」では久米氏が大伴氏に随従してイワレビコを補佐することになっている。大伴氏は大和朝廷が地歩を固める六世紀ごろには伸張著しく、久米氏や佐伯氏などの有力な氏族を従えて朝廷に仕えたのである。

さらに、イワレビコが詠ったとされる歌はいわゆる軍歌で、もともと久米氏の起源とされる隼人族が戦いの前後の宴席で歌ったものと考えられている。歌詞の意味は判然としないものが多いが、戦いを前にした兵士が士気を鼓舞するために、あるいは戦いの後に戦勝を祝って歌ったものと思われる。これらの歌は「久米歌」と呼ばれ、後には大嘗祭《だいじょうさい》（天皇が即位後、初めて行う新嘗祭《にいなめさい》）など宮中で行われる行事のときに、久米氏の一族が久米歌に合わせて「久米舞」と称する舞を披露するようになった。東大寺の大仏（奈良の大仏）開眼供養のとき（七五二年）にも久米舞が披露されたことが記録に残っている。

土雲《つちぐも》と八十建《やそたける》

土雲とは大和朝廷に従わなかった地方の豪族、あるいはその首長の蔑称《べっしょう》である。土蜘蛛とも表記され、『豊後国風土記《ぶんごのくに》』『肥前国風土記《ひぜんのくに》』『常陸国風土記《ひたちのくに》』などにも見える。また、その首長の八十建は、「書紀」では八十梟帥の人名としてあらわされているが、「八十」は多くの、「建」は、勇者という意味の普通名詞で、クマソタケル、ヤマトタケルの〈タケル〉と同一語源である。

また、能の「土蜘蛛」は源頼光《みなもとのよりみつ》の病床に、妖怪の土蜘蛛が僧侶《そうりよ》に化けてあらわれ、頼光に斬りつけられて葛城山に追い詰められ、退治されるという話だ。言うまでもなく、この話も記紀に登場する土雲がベースになっている。

◆ナガスネビコの服従と金の鳶《とび》

前項で述べたように、大和に入ったイワレビコは各地で叛旗《はんき》を翻す豪族たちを打ち破り、服従させて行った。しかし、かつて白肩津の港あたりで手痛い洗礼を受けた登美のナガスネビコ（一四七ページを参照）は依然として服従しなかった。そこで、イワレビコはナガスネビコの軍勢との決戦に臨むことになった。

白肩津の戦いで兄のイツセノミコトを失ったイワレビコは、ナガスネビコを怨《うら》んでいた。この戦いで是が非でも兄の仇《かたき》を討ちたいと思った。しかも、ナガスネビコを倒さなければ、大和を平定することができず、長きにわたった東征は失敗に終わることになる。イワレビコは必勝を賭けてナガスネビコとの決戦に臨んだのだった。

しかし、皇軍はたびたびナガスネビコの軍勢に攻撃をかけたが、精鋭揃いの軍勢を容易に打ち破ることはできず、苦戦を強いられた。そんな戦いの最中、それまで晴れていた空が俄《にわか》に暗くなり、雹《ひょう》が降って来た。すると、そこへ金色に輝く一羽の鳶が飛んで来てイワレビコが構えていた弓の先端に止まった。そして、その鳶の光り輝く様はまさに稲妻のようだった。ナガスネビコの軍勢はその強い光に眩惑《げんわく》されて満足に戦うことができなくなり、敗走した。

いったん、退いたナガスネビコはイワレビコに使者を送り「私は大昔、高天原から降臨した饒速日命《にぎはやひのみこと》（以下、ニギハヤヒという）の子孫で、れっきとした天孫の系譜を引くものである。そなたも天孫を名乗っているようだが、それでは天孫が二人いることになって合点が行かない。どうして、そなたは天孫などと名乗って人の土地を奪おうとするのか。私が思うには、そなたはきっと偽者だろう」と言った。

これに対してイワレビコは「天孫は私以外にも多く存在するのだ。そして、天孫は必ずそのしるし（証拠の品）を持っている。お前が天孫だと言い張るのなら、その証拠の品を見せてみよ」と言って使者を返した。

すると、ナガスネビコは自ら出向いてニギハヤヒより伝えられている天《あま》の羽羽矢《ははや》（蛇の呪力《じゅりょく》を備えた矢）と歩靫《かちゆき》（徒歩で弓を射る人が、矢を背負う入れ物）とをイワレビコに示した。これを見たイワレビコは、ナガスネビコが紛れもない天孫であることを知った。そして、今度はナガスネビコに自ら天孫のしるしを示した。

これを見たナガスネビコは恐れ畏《かしこ》まったが、すでに戦の準備を整えたからには引き下がることもできない、ナガスネビコはイワレビコを討とうと決意した。天界からこの様子を見ていたニギハヤヒが急遽《きゅうきょ》降って来て、ナガスネビコに戦いを止めてイワレビコに帰順するよう説得しようとした。

戦えば必ず天神が加勢してイワレビコの軍勢を勝利に導き、ナガスネビコの一族は根絶やしにされる。つまり、アマテラスをはじめとする強力な後ろ盾のいるイワレビコに対しては勝ち目がないのだ。だから、この上はイワレビコに帰順するほかに取るべき道は残されていない。ニギハヤヒはこのように判断して、ナガスネビコの説得にかかったのだった。

しかし、もともと捻じ曲がった性格のナガスネビコは忠告を聞き入れそうにない。そこで、ニギハヤヒは自らナガスネビコを殺し、その部下たちを率いてイワレビコに帰順したのである。かくして、イワレビコと会見したニギハヤヒは、その子孫たちにイワレビコに忠誠を誓わせることを約束した。これを聞いてイワレビコは多いに喜び、ニギハヤヒの子孫たちを重用することを誓った。このとき帰順したニギハヤヒの子孫たちが、物部《もののべ》氏の先祖である。

◆初代現人神《あらひとがみ》・神武天皇の即位

ナガスネビコを倒した翌年の春、イワレビコは臣下に都を定め、宮殿を造営するように命じた。その命の中でイワレビコは都を定める理由を次のように述べた。
「日向を出てから六年。天神（アマテラスをはじめとする皇祖神）のお蔭《かげ》で大和の地はおおむね平定された。人々の中には樹上に作った巣や地に掘った穴に暮らしているものが多い。未だ、未開であるが、民の心は素直である。ここに山林を切り開き、都を定めれば人々の生活は安定し、国家は繁栄に向かうに違いない。この上は自ら大役に就いて、人民と国家の利益のために邁進《まいしん》しよう」

イワレビコはこのように述べて畝傍山《うねびやま》の東南の橿原《かしはら》を宮殿造営の地と定めて、都の建設に着手した。この地を選んだのは、ここが国の真中（中心）であると考えたからである。こうして、宮殿は完成し、都の体制が整った。

その年の秋には正妃を迎えた。正妃の名は媛蹈鞴五十鈴媛命《ひめたたらいすずひめのみこと》（以下、イスズヒメという）といい、オオクニヌシの子のコトシロヌシの子どもで、容色の優れた人だった。

その翌年、辛酉《かのととり》の一月一日、出来たばかりの橿原宮で即位した。この年が神武天皇の元年で、西暦紀元前六六〇年のことといわれている。そして、天皇は論功行賞《ろんこうこうしょう》を行って、大和平定に貢献した大伴氏や久米氏の祖先を重用し、領地を与えた。

ここに日本国の基盤が整い、以降、神武天皇は善政を敷き、（神武天皇の）七六年の三月十一日、一二七歳で崩御した。翌年の九月十二日、畝傍山の北東に御陵を築いて葬った。

辛酉《しんゆう》の革命

神武天皇が即位したのは辛酉の元日で、西暦紀元前六六〇年のこととされている。この年に定めたのは、中国の讖緯《しんい》説に基づくとされている。讖緯説とは中国古代の予言説で、天変地異などを予測できるとしたものである。この讖緯説に基づいて早くから辛酉の年には天命が改まるという「辛酉革命説」が説かれた。辛酉の年は六〇年に一度、巡ってくるが、それが二一順する期間を一蔀《ぼう》とし、この年には大革命が起こるとされた。つまり、一二六〇年に一度の辛酉の年に大革命があるというのである。記紀の編纂者は推古天皇の九年（六〇一）の辛酉の年から一蔀さかのぼったところを神武天皇の即位の年と定めたと考えられている。辛酉革命説は平安時代の文章博士、三善清行《みよしきよゆき》（八四七〜九一八）によって提唱され、近世に至るまで通説となった。また、三善清行は中国の史書に基づいて甲《きの》子《えね》の年の変革も唱え、平安時代には辛酉・甲子に元号を改める風習を生んだ。

第五章

古代天皇にまつわる神話

◆日本武尊《やまとたけるのみこと》

日本武尊（以下、ヤマトタケルという）は第十二代・景行《けいこう》天皇の皇子として生まれた。幼名を小碓命《おうすのみこと》（以下、オウスノミコトという）といい、大碓命《おおうすのみこと》（以下、オオウスノミコトという）という兄がいた。兄のオオウスノミコトは性格が悪く、かつて父の景行天皇が召そうとした女性を横取りした経歴がある。このようなことから、天皇とオオウスノミコトとの間は以前から折り合いが悪かった。そんなことから、オオウスノミコトは父や兄弟と一緒の食事の席に着こうとしなかった。

ある日のこと、天皇はオウスノミコトに「お前の兄はもう何日も朝夕の食事の席に着いていない。お前が行って、食事の席に着くように優しく教え諭してきなさい」と言った。オウスノミコトは復命したが、それから五日経っても姿を現すことはなかった。そこで、景行天皇は「もしや、まだお前は兄に食事の席に着くように伝えていないのではないか？」と問い質《ただ》した。

すると、オウスノミコトは「とっくに伝えましたが、いくら言っても言うことを聞かず、埒《らち》が明きません。そこで、夜明けに兄が厠《かわや》に行ったときに待ち受けて捕まえ、手足をもぎ取って薦《こも》に包んで投げ捨ててしまいました」と答えた。

　これを聞いて景行天皇は目を見張った。普段は大人しい性格のオウスノミコトが、そんな猛々しい性格を持ち合わせているとは夢にも思わなかったのである。そして、次の瞬間、そんな猛々しい性格の息子は、朝廷に叛旗《はんき》を翻す者どもを退治させるのに適役だと考えた。

　少し落ち着きを取り戻した景行天皇は「西の方の土地（九州）に熊襲建《くまそたける》（以下、クマソタケルという）という二人の首長がいる。彼らは昔から朝廷に従わない無礼な輩だが、武勇に勝れ、これを討つことは極めて困難である。しかし、お前の猛々しい性格をもってすれば、必ずや討つことができるだろう」と言って、オウスノミコトに熊襲討伐を命じた。

　このように命じられたオウスノミコトは熊襲打倒の計画を練った。その結果、屈強な熊襲を正攻法で討つことは難しい。そこで、女装して近づき、熊襲の首領を一突きにしようと考えた。このとき、オウスノミコトは一六歳の紅顔の美少年で、髪はミズラに結い、衣装さえ替えれば、誰もが美しい少女と見紛えた。

　計画が整うと、オウスノミコトは伊勢に叔母の倭比売命《やまとひめのみこと》（以下、ヤマトヒメという）を訪ねて事情を話し、彼女の衣装を借りることにした。ヤマトヒメは第十一代・垂仁《すいにん》天皇の皇女で、伊勢に社《やしろ》(伊勢神宮)を建ててアマテラスに奉仕していたのである。

◆ヤマトタケルのクマソ討伐

さて、ヤマトヒメに借りた衣装と剣を携えてオウスノミコトはいよいよ熊襲のいる九州に向かった。熊襲の館の前に来ると、兵士たちが館の周りを厳重に警護していた。兵士たちの言葉の端々から熊襲が館を新築し、その完成祝いの準備をしていることが分かった。そこで、オウスノミコトは祝宴の開始の時を待つことにした。

祝宴の準備が整うと、オウスノミコトはヤマトヒメから借りた衣装を身に着け、ミズラに結った髪を解いて、少女のような髪型にした。その姿はどこから見ても少女そのもので、誰も彼が男性だと疑うものはいなかった。オウスノミコトは首尾良く祝宴の手伝いをする女性たちに紛れて、熊襲の館に入ることが出来たのである。

館の中に入ると、クマソタケルの兄弟がすぐに美しいオウスノミコトに目を留め、二人の間に座らせた。兄弟は盛んに酒を酌み交わし、宴もたけなわになった。彼らがしたたか酔っ払ったのを見極めたオウスノミコトは、懐に隠し持っていた剣を取り出し、先ず、兄の襟首を摑んで胸を一突きにした。

これを見た弟のタケルは恐れをなして逃げ出した。オウスノミコトはすかさず追いかけ、尻から一突きにして止《とど》めを刺そうとした。そのとき、弟のタケルは「しばし止めを刺すのを待ってください！　最後に言い残したいことがあります！」と叫んだ。そこで、オウスノミコトは弟を組み伏せたまま、しばし止めを刺すのを待った。すると弟のタケルは「あなたは、いったい何者ですか？」と息も絶え絶えに尋ねた。

これに対してオウスノミコトは「私の父は大八島国《おおやしまのくに》をお治めになられている天皇《すめらみこと》で、私はその皇子である。お前たちクマソタケル兄弟が朝廷に従わないので、これを討ち取れと言われて、私を遣わされたのだ！」と答えた。

これを聞いたクマソタケルの弟は「西の方には私たち二人ほど勇猛で強いものはおりません。しかし、大和国には、あなたのような私たち兄弟に勝る勇猛な方がおいでになった。敵ながらあっ晴れというほかはございません。そこで、その武勇心にちなんで私たち兄弟のタケルという名を献上いたしましょう。今後はヤマトタケルの御子と称えてお呼びいたしましょう」

弟のクマソタケルがこう言い終わると、ヤマトタケルは止めを刺した。このときからオウスノミコトは、ヤマトタケルと名乗るようになったのである。その後、ヤマトタケルはすぐに大和への帰路に就いた。そして、その途中に君臨していた山の神や河の神、海峡の神をことごとく平定し服従させて、都に凱旋したのだった。

◆ヤマトタケルの東国遠征

熊襲を討って凱旋したのも束の間、景行天皇は再びヤマトタケルに朝廷に叛旗を翻す東国の十二カ国を平定せよと命じた。父の矢継ぎ早の命令を受けてヤマトタケルも動揺を隠せなかった。そして、いったい自分のいのちをどのように考えているのだろうと、父への不信感を募らせた。しかし、天皇の勅命とあれば、これを拒否することは許されない。複雑な思いを胸に、ヤマトタケルは不承不承、東国に赴くことにした。

出立に先だって伊勢の大神宮（伊勢神宮）に参拝し、遠征の無事を祈願した。このとき、ヤマトタケルは叔母のヤマトヒメを訪ねて再び東国に遠征する由を話し「熊襲を退治して帰還してから、まだいくらも経っていないのに、兵士もつけないまま、再び東国に遠征せよとの命令が下りました。天皇（父）は私など死んでしまえば良いとお思いになっていらっしゃるのです」と言って嘆き悲しみ、涙を流した。ヤマトヒメは掛ける言葉もなかったが、いよいよヤマトタケルが暇乞いをするときに、剣と小さな皮袋を手渡し「火急のことがあったら、この袋をあけるように」と言った。

后の弟橘比売命《おとたちばなひめのみこと》（以下、オトタチバナという）と数人の従者を伴って、伊勢を出発したヤマトタケルは尾張国《おわりのくに》（現在の愛知県の一部）に至り、尾張一族の館にしばし留まった。一族の娘、宮簀比売命《みやずひめのみこと》（以下、ミヤズヒメという）の美しさに惹かれ、結婚したいと思った。しかし、今は東征の途上でもあり、正妃のオトタチバナも同行している。そこで、首尾良く東国を平定した暁に再び尾張に立ち寄り、結婚しようと考え、結婚の約束だけをして東国に出立した。

ちなみに、古代社会では一夫多妻は常識で、二人、三人の妃を持つことが許されていた。聖人君子の誉れ高い聖徳太子にも四人の妻がいたのである。

そこからさらに東に進んで駿河国《するがのくに》（現在の静岡県の一部。『古事記』には相模国《さがみのくに》とある）に入ったとき、この地の豪族の一団に襲われ、広い草原で周囲から火を放たれた。ヤマトタケルは八方手詰まりとなった。しかし、そのとき、ヤマトヒメから「火急のときにあけなさい」と言って渡された皮袋のことを思い出した。

急いで皮袋をあけると、中には火打石が入っていた。そこで、ヤマトタケルはヤマトヒメから授かった剣で周りの草を薙ぎ倒し、火打石で火を点けて迎え火を打った。これが功を奏して迫り来る火を食い止め、無事に野を脱出することができた。野を出たヤマトタケルは豪族たちを一気に攻め、ことごとく斬り殺してしまった。野を焼いたことから、この戦いの地を焼津《やいづ》（静岡県焼津市）といい、また、ヤマトヒメから授かった剣は草を薙ぎ払ったことから、草薙の剣と呼ばれるようになった。

この剣はもともとスサノオがヤマタノオロチを退治したときに、その胴体から出てきた「天叢雲剣《あめのむらくものつるぎ》」である。また、迎え火というのは新たに火をおこして迫って来る火勢を弱めるもので、今でも山火事のときには有効な手段として用いられる。

◆ヤマトタケルを救った后《きさき》

焼津からさらに東に進んだヤマトタケルは、相模国（現在の神奈川県）に至り、そこから海路、上総（現在の千葉県の南部）に渡ろうとした。このとき、百戦錬磨を自負するヤマトタケルは「こんな小海、ひとっとびで渡ってみせる」と豪語した。ところが、船を漕ぎ出すと海は俄《にわか》に荒れて、船は木の葉のように波間を漂った。

小海などと嘲ったために海神の怒りをかったのだった。この事態に、同行していたオトタチバナが「このように俄に海が荒れ出したのは、海神の仕業に違いありません。私が人柱となって海に身を投じましょう」と言った。そして、入水する前に次の歌を歌った。

相模の野原に燃え立った炎の中でも、私の安否を気遣って下さったわが夫の君よ
（さねさし　相武の小野に　燃ゆる火の　火中に立ちて　問いし君はも）

　このように歌って、オトタチバナは海の藻屑《もくず》と消えた。すると、嵐はすぐに収まり、船は順調に進んで上総に着くことが出来た。

　オトタチバナが入水してから七日後、走水の海辺に生前、彼女が挿していた櫛《くし》が流れ着いた。後に御陵を作ってその櫛を葬った。

　ヤマトタケルは現在の神奈川県横須賀市の走水《はしりみず》から、浦賀水道を経て千葉県の木更《きさら》津《づ》あたりに渡ったのである。この海域は古くから潮流が早いことで知られる難所で、走水という名は潮の流れが速いことにちなんだ地名である。

貞女の鑑《かがみ》、弟橘比売命《おとたちばなひめのみこと》

『古事記』ではオトタチバナはヤマトタケルの后とされ、東征に同行したことになっている。そして、夫の身代わりとして海に身を投げ、海神の怒りを鎮めたという。このことから、オトタチバナは貞女の鑑とされ、戦前は修身の時間などで盛んに取り上げられた。

しかし、オトタチバナを単に貞女の鑑としてとらえたのでは、「嫁しては夫に従い」といった儒教的な解釈に留まってしまう。この話の真骨頂は彼女の歌った辞世の句に見出《みいだ》すことができる。夫は自らの命が危機に曝されているときでさえ、妻の安否を気遣ってくれた。優しい夫のために、今度は自らが犠牲になろう。この話からは、そんな溢《あふ》れるばかりの夫婦愛を読み取ることができるだろう。

そして、妻を失ったヤマトタケルは無事に海を渡ることができたが、しばらくのあいだ、妻を捜してその海辺を去ろうとしなかったという。君（ヤマトタケル）がなかなか去らなかったことから、彼が着いた上総の海辺を「君去らず」という意味で木更津《きさらづ》と呼ぶようになった。

また、東国を平定した帰途、ヤマトタケルは現在の群馬県と長野県の県境にある碓氷《うすい》峠を通った。峠からはわずかに太平洋が見えた。このとき、彼は妻のことを思いだして思わず「吾妻《あずま》はや（わが妻よ）」と呟《つぶや》いた。このことから、後に東国を「吾妻」というようになったという（一七七ページを参照）。

このようにヤマトタケルとオトタチバナの神話からは、究極の夫婦愛、そして、ヒューマニズムを読み取ることができる。しかし、そのような解釈は戦前の修身などの神話教育ではタブーとされた。神話の真骨頂を読み取ることができなかったことは、日本人にとってたいへん不幸なことだった。
ちなみに、オトタチバナの歌は『古事記』のみに収録されており、『日本書紀』には記されていない。本居宣長が「古道」として『古事記』を重要視した理由がそこにある（二一ページを参照）。

◆蝦夷《えみし》の平定

ヤマトタケルはオトタチバナを失った悲しみに耐えつつ、海路、蝦夷の支配地の陸奥国に入った。ヤマトタケルは船をまるで豪華な山車のように荘厳し、その真中に大きな鏡を掲げた。その船が航行する有様は、さながら神霊が鎮座した御船が海上を渡御するようだった。

蝦夷の首領たちは軍備を整えてこの船の進入を防ごうとした。しかし、その荘厳な船を遠望したとき、その威勢に圧倒されてしまった。戦っても、とうてい勝ち目がないと判断した首領たちは弓矢などの武器を捨てて、茫然と海岸に立ち尽くした。そして、船が近づいてくると首領たちは恐れ畏《かしこ》んでヤマトタケルに尋ねた。

「あなたは人並みはずれて神々しいお姿をしていらっしゃいます。もしや、神であらせられるのでは？　是非ともお名前をお聞かせいただきとうございます」

「私は現人神《あらひとがみ》（天皇）の皇子である」

ヤマトタケルが答えると、蝦夷の首領たちはますます恐れ畏み、衣の裾をつまんで海に入って、船を岸に着けた。そして、自ら縛につく形で服従の意を示したのである。

このようにして、蝦夷をことごとく平定したヤマトタケルは常陸国《ひたちのくに》（現在の茨城県）を経て甲斐国《かいのくに》（現在の山梨県）に至り、その晩、久々にゆっくりと夕食をとった。そして、ヤマトタケルは食事をしながら、

新治《にいばり》や筑波《つくば》を過ぎてから、何日が経ったことだろう（新治　筑波を過ぎて　幾夜か寝つる）

と、歌を詠《よ》んで従者たちに尋ねた。この問いにほとんどの従者たちは答えられなかったが、御火焚《みひたき》（夜警のためのかがり火を焚く老人）だけがこれに答え、

日数を重ねて　夜には九日　昼には十日でございます（日日並《かが》べて　夜には九夜《ここのよ》日には十日を）

と詠んだ。

ヤマトタケルは御火焚が即座に答えたことに感心した。そして、その賢さを褒め称

え、褒美に東　国　造《あずまのくにのみやつこ》（東国の首長）の称号を授けた（ここでは単に称号だけを与えたものと考えられる）。

甲斐国ではしばし安らいだときを過ごした。しかし、ヤマトタケルにはまだ気掛かりなことがあった。というのは、蝦夷はすべて平定したものの、信濃国《しなののくに》（現在の長野県）や越国《こしのくに》（現在の北陸）には未だ朝廷に帰順しないものたちがいる。そこで、武蔵国（現在の東京都、埼玉県、及び神奈川県の一部）、上野国《こうずけのくに》（現在の群馬県）を経て信濃に向かった。その途中、碓日坂《うすひのさか》（群馬県と長野県の県境にある碓氷峠《うすい》）に差しかかったとき、遠くに海が見えた。

ヤマトタケルは海に消えたオトタチバナのことを片時も忘れてはいなかった。そして、碓日坂から海を遠望したとき、妻への追慕の念が込み上げてきた。彼は思わず、

「吾妻《あずま》はや（わが妻よ！）」

と、呟いたのだった。これにちなんで、碓日坂より東を吾妻国（東国《あずまのくに》）と呼ぶようになったのである。

碓日坂を越えたヤマトタケルは信濃国に入り、この地を平定した後に帰還の途に就いた。しかし、越国には自らは行かず、使者を遣わしてその状況を探らせた。

◆ヤマトタケルの最期

蝦夷を平定したヤマトタケルは尾張国に至り、ここで尾張一族の娘のミヤズヒメと結婚した。尾張は東征の途上、立ち寄った土地で、そのときヤマトタケルはミヤズヒメと婚約をしていたのだった（一七一ページを参照）。二人はしばらくの間、幸せな新婚生活を送った。

しかし、しばらくすると伊吹山《いぶきやま》に荒ぶる悪神があると聞いて、これを討つために伊吹山を目指した。このとき、百戦錬磨のヤマトタケルは自らの力を過信して、伊吹山の荒ぶる神ぐらいは素手で倒せるだろうと思って草薙剣《くさなぎのつるぎ》をミヤズヒメに預けて出かけていった。

ところが、伊吹山に入ったヤマトタケルが不用意に勝利を宣言したことから、山の神の逆鱗《げきりん》に触れる。山の神は大蛇になって道を塞いだ。しかし、ヤマトタケルはこの大蛇は山の神の使いで取るに足りないと考え、大蛇を踏みつけて進んでいった。この無礼窮まる行動に山の神はさらに激怒した。たちまち山は荒れ狂い、深い霧に閉ざされてしまった。妖気にあてられたヤマトタケルは正気を失い、もはや荒ぶる神を討つどころではなくなった。

それでもフラフラになりながらやっと麓《ふもと》に辿《たど》りついた。麓には小さな泉があった。その泉で喉《のど》を潤し、しばし足を浸していると、正気を取り戻した。気を取り直したヤマトタケルは尾張を目指したが、再び激しい疲労が襲ってきた。三重村（三重県四日市市あたり）に差し掛かったときには疲労困憊して「私の足は三重の勾餅《まがりもち》のようになってしまった。ひどく疲れて歩くのもやっとだ」と言って嘆いた。そこで、後にこの地を三重と言うようになった。

そして、伊勢の能褒野《のぼの》（三重県鈴鹿市あたりが伝承の地）というところに来たときに、ついに力尽きた。そして、このとき、

大和は国中で最も美しいところだ。青い垣が重なり合った山々に囲まれた大和は、ほんとうに美しい国だ（倭《やまと》は　国のまほろば　たたなづく　青垣《あおがき》　山隠《やまごも》れる　倭しうるわし）。

という有名な歌を残して絶命した。臨終に際して美しい故郷を称えた望郷の歌である。ほどなく、訃報を聞いて駆け付けた后のミヤズヒメをはじめとする人々が、ここに御陵《みささぎ》（陵墓）をつくってヤマトタケルの遺体を葬った。しかし、ヤマトタケルの霊は白鳥になっていずこともなく飛び去った。その行方を追ったところ、白鳥は河内国《かわちのくに》

ヤマトタケルゆかりの熱田神宮

の志幾《しき》（今の大阪府八尾《やお》市あたりが伝承の地）に留まった。そこで、人々はこの地に御陵《ごりょう》を作って御魂《みたま》をまつった。しかし、その御魂はまたしても白鳥に化して天高く飛び去って行った。

それから間もなく、夫の死を悲しんだミヤズヒメが尾張の一族の斎場に草薙剣を奉安し、自ら巫女《みこ》となってつかえた。これが現在、名古屋にある熱田《あつた》神宮の起源といわれている。熱田神宮は草薙剣を御魂代《みたましろ》（依《より》代《しろ》）とする熱田大神《あつたのおおかみ》（尾張一族の祖神）を主祭神とし、ヤマトタケル、ミヤズヒメを合祀する。また、近くにある白鳥御陵《しらとりごりょう》にはヤマトタケルの霊がまつられている。

さらに、大阪府堺市にある大鳥神社には、古来、白鳥と化したヤマトタケルの御魂が最後に鎮まった場所であるという伝承がある。

◆元祖女傑――神功《じんぐう》皇后

神功皇后は八幡神とされる第十五代応神《おうじん》天皇の母親で、第十四代仲哀《ちゅうあい》天皇の妃である。仲哀天皇は朝廷に叛旗《はんき》を翻す熊襲を討つべく、皇后を伴って九州に赴いた。天皇が香椎宮《かしいのみや》（福岡市東区にある香椎宮《かしいぐう》が伝承の地）で琴を弾き（古代において、琴は神降しの宗教的儀礼に用いられた）、建内宿禰《たけしうちのすくね》（以下、タケシウチという）が神降しの座に座って一心に神託（神のお告げ）を求めていた。天皇は熊襲討伐の成否についての神託を得ようとしたのである。

そのとき、傍らに控えていた皇后は突如として神懸りし、神託を得た。皇后に乗り移った神は「西の方に国がある。その国には金銀をはじめとする財宝が唸《うな》っている。今、私はそなたたちにその国を服従させてあげよう」と告げた。この言葉を聞いた天皇は、高見に登って西の方を見渡したが、神託に言うような国土は見えず、ただ大海原だけが見えた。そこで、天皇はいい加減なことを言う神だと思い、琴を弾くのを止めてしまった。

すると、皇后に宿った神が激怒し「そもそも、そなたは天下を治める器ではない。黄泉の国に行くが良い」と言った。これを聞いたタケシウチは慌てて天皇に「陛下！畏《おそ》れ多いことでございます。すぐに琴を取ってお弾きくださいませ」と言った。天皇は琴をとり渋々弾いた。しかし、すぐに琴の音が止んだので、明かりを灯《とも》してみると、天皇はすでに亡くなっていた。神を嘲《あざけ》ったために、たちまち天罰が下ったのである。

凄《すさ》まじい神の霊威をおそれ畏《かしこ》んだ皇后とタケシウチは、以降、再三にわたって神託を求め、新羅《しらぎ》遠征について事細かに指示を仰いだ。神の仰せの通りに戦の準備を整えた皇后は、タケシウチを軍事参謀に、数万の軍勢の指揮をとって朝鮮半島に向かうことになったのである。

ところが、このとき皇后は亡き仲哀天皇の子どもを身ごもっており、折しも臨月を迎えていた。そこで、皇后は戦の最中に赤子が生まれて来ないように、股間《こかん》に石を挟み、それを縄できつく縛って出陣した。

一行の乗った船は順風満帆で進み、しかも船自身が立てた波が陸地の奥まで船を押し上げるという不思議な現象が起こった。そのため、船が着いたときには、すでに新羅の国の半ばに達していた。この有様を見た新羅の国王は恐れをなし、以降は日本の天皇に服従して、毎年、たくさんの贈り物を献上することを約束した。

このようにして神功皇后はみごと新羅を平定して帰還した。そして、股間の石をはずしたときに生まれたのが応神天皇である。応神天皇は母親の胎内に宿ったまま参戦したことから、「胎中天皇《たいちゅうてんのう》」などとも呼ばれている。胎教が軍事実戦だったという凄まじい経歴の持ち主だ。

緊迫した東アジア情勢

古代、朝鮮半島は南に百済《くだら》、新羅、北に高句麗《こうくり》があって互いに覇を競っていた。この時代を三韓時代といい、日本は百済とは良好な関係を保っていたが、新羅とは半ば敵対関係にあった。新羅は策を弄してすきあらば日本に進軍しようと目論んでいたのである。

しかも新羅は古くから抵抗勢力だった熊襲を抱き込んで、大和朝廷を脅かそうとしていた。五世紀のはじめに日本は朝鮮半島に進出し、百済と新羅に挟まれた小国、任那に日本府（今で言う在外大使館）を置いたと伝えられている。しかし、第二十六代・継体《けいたい》天皇のあたりから新羅の影響力が強まり、日本府は新羅の支配下に置かれることになった。朝鮮半島との交易を進めていく上でも日本府の奪還は日本の悲願だった。が、それを追求すれば新羅と対立することは必然だった。聖徳太子（五七四～六二二）の時代に在位した崇峻《すしゅん》天皇が新羅出兵を試みたことも記紀に語られている。神功皇后の新羅遠征の話は史実としては認め難いが、このような緊迫した東アジア情勢を反映したものであることは確かである。

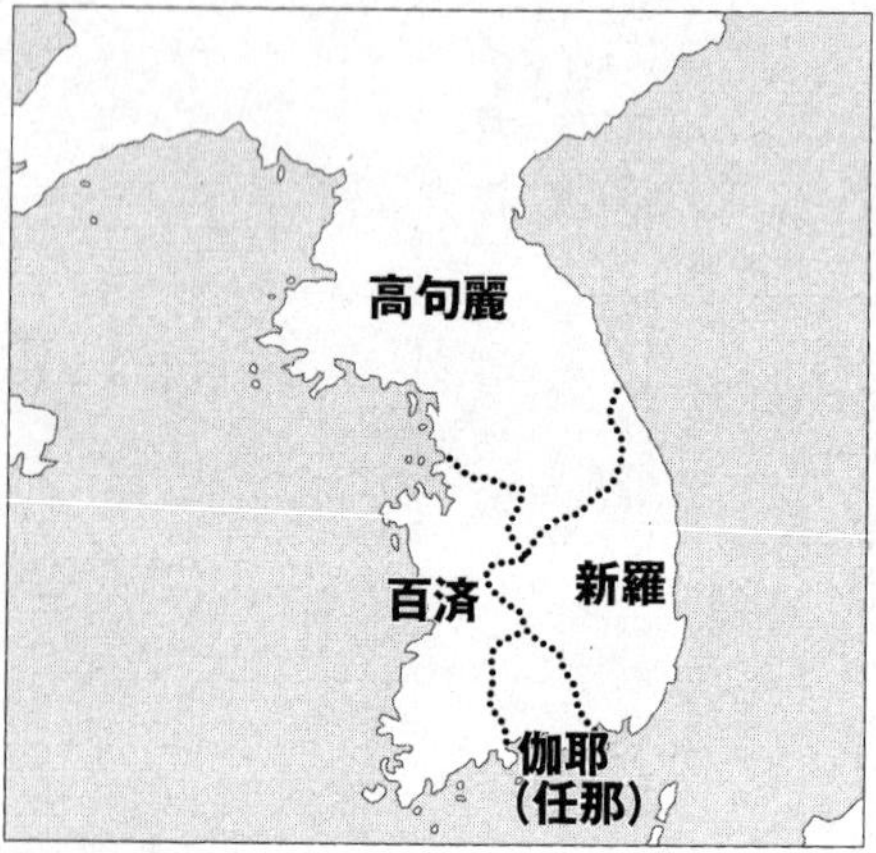

五代の天皇に仕えた武内宿禰《たけしうちのすくね》

タケシウチ（『古事記』では建内宿禰という）は、第八代孝元《こうげん》天皇の孫と伝えられている。第十二代景行《けいこう》天皇から、成務《せいむ》天皇、仲哀天皇、応神天皇、そして、第十六代の仁徳《にんとく》天皇までの五代の天皇に仕え、第十三代成務天皇のときには、わが国最初の大臣（現在の総理大臣に相当）になった。

実に三六〇余歳の長寿を保ったと

言われている。これはもちろん、神話上の話であるが、古くから長寿の神としても信仰されている。タケシウチが仕えた天皇の中ではとくに応神天皇とその母の神功皇后（一八一ページを参照）の時代のエピソードがよく知られている。

新羅征討から凱旋した神功皇后は皇位継承争いに絡んで、後の応神天皇の兄たちの激しい反発に遭う。兄弟の中でも、忍熊王《おしくまのみこ》（以下、オシクマという）は最後まで強硬に反発した。そこで、神功皇后はタケシウチの協力を仰ぎ、山背国《やましろのくに》（現在の京都府）での決戦に臨んだ。

このとき、タケシウチは一計を案じ、自分は戦う意思がないことを敵に伝え、その証しとして味方の兵士に武器をすべて捨てさせた。これを信じたオシクマも自軍に武器を捨てるように命じた。

オシクマの兵士たちが武器を捨てるのを確認するや、タケシウチは兵士たちに隠し持っていた武器を執らせ、総攻撃を命じた。オシクマの軍勢はなすすべもなく敗退し、けっきょくオシクマは琵琶湖に身を投じて死んだという。

また、応神天皇の治世にはタケシウチの弟の味師内宿禰《うましうちのすくね》（以下、ウマシウチという）が、兄を失脚させて自らが大臣になろうとの陰謀を企てた。そして、ウマシウチは兄が九州を拠点として兵を挙げ、自ら覇権を握ろうとしている、と応神

宇佐神宮の境内にある武内宿禰神社

天皇に讒言した。これを信じた天皇は直ちにタケシウチ討伐の軍勢の準備をした。そこへタケシウチが天皇に身の潔白を証明するために謁見を求めてきた。天皇もこれに応じて、タケシウチの言い分を聞くことにした。

しかし、判断に迷った天皇はウマシウチを呼び出し、久賀陀智《くがだち》という一種の呪術によって正否を判断することにした。久賀陀智とは古代の呪術裁判で、大きな釜で湯を煮えたぎらせ、その中に手を入れても、真実を述べているものは火傷をしないというものだ。つまり、どちらが火傷をするかで正邪を判断するのである。

言うまでもなくタケシウチはまったく火傷を負わず、弟のウマシウチは大火傷を負った。その結果、タケシウチの冤罪《えんざい》は晴れて、今まで通り応神天皇の大臣として仕えたという。

このようにタケシウチは応神天皇とその母の神功皇后と、とくに関わりが深い。そのことから、応神天皇と神功皇后をまつる八幡神社にはタケシウチが祭神としてまつられていることが多い。九州の宇佐神宮や鎌倉の鶴岡八幡宮などの境内には武内宿禰神社がある。

さらに、タケシウチは大臣として、国家財政の運営にも敏腕を発揮したと伝えられている。このことから、戦前の五円紙幣などにはタケシウチの肖像画が採用された。古くから金運の守護神、商売繁盛の神としても崇敬されている。

◆八幡神《はちまんしん》になった応神《おうじん》天皇

第十五代応神天皇は、仲哀天皇の第四皇子として生まれた。言うまでもなく、母は元祖女傑・神功皇后である。神功皇后は応神天皇を身ごもったまま新羅《しらぎ》征討に向かったことから、この天皇は胎中天皇とも呼ばれていることはすでに述べた（一八三ページを参照)。仲哀天皇亡きあとは神功皇后が摂政として政治の実権を握っていたが、皇后が薨去《こうきょ》した翌年、三人の兄を退けて皇位を継承した。

応神天皇は和風諡号《しごう》を誉田天皇《ほんだ》という。「誉田」は河内国志紀郡誉田(現在の大阪府羽曳野市《はびきの》誉田《こんだ》)の地名に由来する。このことから、この天皇はもともと河内あたりを根拠地として勢力を誇ったことが分かる。そして、河内王朝が活況を呈するのは四世紀後半のことと考えられ、この天皇もその時代に活躍した人物と思われる。

歴史的には第十四代・仲哀天皇までを神話時代の天皇とし、応神天皇以降を古代天皇とする。つまり、応神天皇あたりから、史実として実在性を帯びてくると考えられているのである。

応神天皇は百済《くだら》や新羅との交流に力を入れ、さまざまな産業や文化を移入したことで知られている。とりわけ、百済から招かれた王仁《わに》という博士(学者)は、勝れた技術者や学者を引き連れて来朝した。また、『論語』などを朝廷に献上したといわれ、日本人に漢字の用法を教えたという。

また、応神天皇はさらに高度な文化を移入するために、大陸(中国。当時は呉国《ごのくに》)にも使節を派遣したという。呉王は喜んで使節を迎え、養蚕や紡績、織物などの勝れた技術者を提供したという。これが史実だとすれば、聖徳太子が遣隋使を送る前に、大陸との直接の交流があったことになる。

このように応神天皇には多大な功績が語られ、その中には史実として認められるものも含まれている。その一方で、応神天皇は極めて神話的、神秘的なヴェールに包まれている。それはこの天皇が神功皇后のお腹の中にいるときに、新羅に遠征したなどという、出生の神話的エピソードに依るところが大きいのであり、後に応神天皇は転生して八幡神になったとされている。

応神天皇の崩御後、数百年を経た欽明《きんめい》天皇の三二年（五七一）、大神比義《おおがみひぎ》という人物が大分県の宇佐に出向いて三年間断食して祈った。すると、現在も宇佐神宮の境内にある菱形池の中から三歳の童子があらわれ「我は誉田天皇広幡八幡麻呂《ほんだのすめらみことひろはたのやはたまろ》なり」と言ったという。「広幡八幡」とは、おそらく大きな幡（軍旗）をたくさん持ったという意味で、この神が当初から軍神の性格を強く帯びていたことを示している。

つまり、ここでは八幡神が応神天皇に権化《ごんげ》してあらわれたことになっているのであり、以来、八幡神の正体は応神天皇ということになり、宇佐八幡をはじめ全国の八幡神社には応神天皇とその母親の神功《じんぐう》皇后を祭神としてまつっている。

ただし、これは宇佐八幡の縁起《えんぎ》によるもので、八幡神の正体は謎に包まれている。

しかし、宇佐にゆかりのある神であることは間違いなく、もともとこの地方で勢力を張っていた豪族、宇佐氏の氏神《うじがみ》だったと考えられている。

宇佐には古くから呪術《じゆじゆつ》に長《た》けたものが多く、その存在は早くから朝廷にも知られていた。宇佐のシャーマン（呪術師）は、天皇が病を得たときなどにはわざわざ大和まで出向いてその平癒を祈願して霊験があったという。このことから、大和朝廷は早くから宇佐の神を守護神として重視していたようである。

そして、大和朝廷が中央集権的色彩を強めてくると、宇佐の神を朝廷の支配下に置こうという動きが出てきた。そこで登場してくるのが、前述の大神比義という人物である。彼はもともと大和の三輪山《みわやま》のシャーマンで、朝廷の卜占《ぼくせん》などを担当した大三輪《おおみわ》氏の一族の出身であると考えられている（『八幡信仰』中野幡能著）。朝廷が大神比義を使者として宇佐の神の託宣《たくせん》を仰いだ結果、誉田天皇（応神天皇）が出現した。このようなシナリオによって、八幡神のルーツが天皇家にあることを主張したのである。

この話の源流には大和朝廷の全国支配の一環としての宇佐攻略という歴史的事実が横たわっている。ともあれ、大神比義が宇佐に入ったことで宇佐一族は平定され、宇佐神宮の祭祀は大神氏が執り行うことになった。ここに、八幡神と朝廷との関係はますます深まったのである。

◆全国に広まった八幡信仰

　このようにして、宇佐八幡は中央においても不動の権威を確立していった。そんな流れの中で、奈良時代には弓削道鏡《ゆげのどうきょう》が皇位を狙うという前代未聞の事件が起きた。その際、自分が天皇になるようにとの宇佐八幡の託宣《たくせん》（お告げ）があったと言って、皇位継承の正当性を主張した。これに対して朝廷は和気清麻呂《わけのきよまろ》を宇佐神宮に遣わし、道鏡の主張する託宣の真偽のほどをうかがった。その結果、宇佐の八幡神は「臣下の者が皇位に即《つ》くのは間違いだ」と告げて、道鏡の主張を退けた。これによって道鏡は失脚したのである。つまり、道鏡も朝廷もともに宇佐八幡の託宣を仰いだのである。

　このことからしても、奈良時代にはすでに宇佐八幡が国家の一大事を左右するような権威を持っていたことが分かる。また、このころからは仏教との習合《しゅうごう》（融合）も進み、奈良時代の末期には「八幡大菩薩《はちまんだいぼさつ》」の称号が与えられるようになった。そして、平安時代前期の貞観《じょうがん》元年（八五九）には、大安寺《だいあんじ》の僧、行教《ぎょうきょう》が京都男山《おとこやま》に宇佐八幡を勧請《かんじょう》（神霊を迎えること）して石清水《いわしみず》八幡宮を創祀した。現在の京都府八幡市にある男山は、木津《きづ》川と桂《かつら》川、宇治《うじ》川の三川が淀川に合流する地点にあり、平安京防衛の要

宇佐八幡

衝の地だった。ここに軍神としての八幡神を勧請することで、都の守護を磐石なものにしようとしたのである。その後、石清水八幡宮は朝廷によって篤く崇敬され、しだいに武将たちが盛んに信仰するようになり、伊勢神宮に次ぐ「第二の宗廟《そうびょう》」として崇められた。

そして、源氏が八幡神を信仰していたことから、鎌倉開幕にあたって八幡神を勧請して幕府の守護とした。このため、鎌倉時代には武士の信仰が盛んになり、「武人《ぶじん》八幡」として尊崇され、全国にその分社が勧請されて民衆の間にも八幡信仰が広まった。

俗に「稲荷《いなり》八幡《はちまん》八万《はちまん》」と言われ、日本に十数万社あるという神社のうち、稲荷社と八幡社が八万社あるといわれる。つまり、単純に二で割れば、四万社の八幡社があることになるのだ。もちろん、これは実数ではないが、八幡神がそれだけ広く信仰されていることを象徴する言葉である。

第六章
神社にまつわる神話

◆伊勢《いせ》神宮の創祀《そうし》にまつわる神話——元伊勢《もといせ》伝説

三種の神器とは、八咫鏡《やたのかがみ》と天叢雲剣《あめのむらくものつるぎ》（草薙《くさなぎ》の剣）、八坂瓊勾玉《やさかにのまがたま》の三つで、良く知られているように皇位継承の証しとして歴代天皇が受け継いでいる。八咫鏡は天照大御神《あまてらすおおみかみ》（以下、アマテラスという）が岩戸隠れをしたときに岩戸の前に掲げられたと伝えられるもので、アマテラスの御真影が映っているという。天孫瓊瓊杵尊《ににぎのみこと》（以下、ニニギノミコトという）が日向の高千穂峰《たかちほのみね》に降臨するときにアマテラスは「この鏡を拝すること、われを崇めるごとくせよ」と因果を含めて授けたという（一二八ページを参照）。このことから、八咫鏡は単なる鏡ではなく、アマテラスの御神体《ごしんたい》（神が宿る物、または場所。岩や大樹などさまざまなものが御神体として崇められる）としてとくに重要である。

次に、天叢雲剣は建速須佐之男命《たけはやすさのおのみこと》（以下、スサノオという）がヤマタノオロチを退治したときに、オロチの胴体から出てきたもので、後に、アマテラスに献上された。さらに、八坂瓊勾玉はアマテラスが父親の伊邪那岐神《いざなきのかみ》（以下、イザナキという）から授けられたもので、アマテラスはこれをミクラタナの神（穀物の神）に奉げて神宝《しんぽう》として大切にしていたものだ。

三種の神器は天孫ニニギノミコトが降臨するときに、アマテラスから授けられ、初代の神武天皇から皇居に奉安されてきた。しかし、第十代の崇神《すじん》天皇のとき、疫病や天災地変が打ち続いた。天皇はそれを神器のまつり場所がふさわしくないからだと考えた。霊験あらたかな神器を天皇と同床、つまり、一つ屋根の下に置くのは無礼であり、そのために神が怒っているのだと考えた。そこで、神器のうちでもとくに強い霊力を持つと思われる八咫鏡と天叢雲剣を皇女の豊鍬入姫命《とよすきいりひめのみこと》（以下、トヨスキイリヒメ）に託して、それらをしかるべきところにまつるようにと命じた。

鏡と剣を携えたトヨスキイリヒメは大和一円を巡歴したのち、笠縫邑《かさぬいむら》（現在の奈良県桜井市あたりと考えられている）にまつった。以降、皇居には複製（レプリカ）を作ってまつり、これが現在も皇位継承の御標として継承されている。

しかし、次の第十一代・垂仁《すいにん》天皇の時代になっても疫病や天変地異は治まる気配を見せない。そこで、天皇は皇女の倭比売命《やまとひめのみこと》（以下、ヤマトヒメという）に命じて、再び鏡と剣をまつるのにふさわしい土地を求めさせた。

垂仁天皇の二十五年（紀元前五年）に大和の笠縫邑を出発したヤマトヒメは先ず丹後《たんご》（現在の京都府北部）の吉佐宮《よさのみや》で四年間、鏡と剣を奉斎する。吉佐宮は天橋立《あまのはしだて》近くに

二見浦

鎮座する籠《この》神社と伝えられ、同社にはそのことをあらわす伝説が伝わっている。しかし、吉佐宮も神器をまつるのにふさわしい場所ではなかった。そこで、同四三年には再び奉斎の適地を求めて巡礼の旅に出る。

そして、木乃国（紀国）の奈久佐浜宮《なくさのはまのみや》・吉備国の名方浜宮《ながたのはまのみや》・倭国の弥和乃御室嶺上《よわのみむろのみねのうえ》宮《みや》・大和国の宇多秋志宮《うだのあきしのみや》・大和国の佐佐波多《さ　さ　は　たの》宮《みや》・伊賀国の隠部市守宮《いんべのいちもりのみや》・同国の穴穂宮《あなほのみや》・同宮《みや》・敢都美恵宮《かんとみめぐみのみや》・淡海国の甲可日雲宮《こうがひぐものみや》・同国坂田《さかたの》宮《みや》・美濃伊久良河宮《い　くらかわのみや》・尾張国（現在の愛知県西部）の中島宮《なかしまのみや》などを巡り、各地で数ヶ月から数年のあいだ、鏡と剣をまつった。

そして、尾張からは踵を返して伊勢国に入って南下し、桑名野代宮《くわなのしろのみや》・鈴鹿名具波志忍《なぐわししのぶ》宮《のみや》・阿佐賀藤方片樋口宮《あ　さ　かふじかたかたといぐちのみや》・飯野高宮《いいのたかのみや》・佐々牟《さ　さ　む》

江宮《えのみや》・伊蘇宮《いざわのみや》・滝原宮《たきはらのみや》の各地を巡り、試しに鏡と剣をまつった。

これらヤマトヒメが巡歴したところは「元伊勢《もといせ》」と呼ばれ、ヤマトヒメにまつわる伝説を伝える神社が多い。とりわけ、三重県伊勢の伊雑宮《いざわのみや》と瀧原宮は伊勢神宮の別宮として、現在も伊勢神宮に継ぐ社格を誇っている。また、夫婦岩で知られる伊勢市の二見浦は、奉祭の有力候補地として深く記憶に留め、一度は立ち去ったが、再び視察に訪れた。このことから、「二見」、つまり、「二度、見に来た」という地名が付けられたという。

かくして、ヤマトヒメは各地を巡歴して八咫鏡と天叢雲剣をまつってみたが、どこもしっくり来なかった。そこで、さらに最適地を求めたヤマトヒメが伊勢神宮近くの五十鈴《いすず》川のあたりに至ったとき、八咫鏡から「私はここにまつられたい」という声が聞こえたという。これを聞いたヤマトヒメは、その場所に祠《ほこら》を建てて八咫鏡と天叢雲剣をまつった。これが伊勢神宮内宮の起源であるという。

◆伊勢神宮外宮の創祀にまつわる神話

伊勢神宮は大きく内宮と外宮とに分かれている。内宮の創祀については前述した通

元伊勢伝承の地、籠神社

りだが、外宮の創祀はそれから五百年ほど後のことと伝えられている。

外宮に伝わる伝承によると、第二十一代・雄略《ゆうりゃく》天皇の二二年（四七八）、天皇の夢枕にアマテラスが立ち「私はすでに高天原《たかまがはら》にいるときに決めていた土地に鎮座することができた。しかし、今は朝夕の御饌《みけ》（神の食事）にも不自由をしている。ついては、丹後国《たんごのくに》比治《ひじ》の真奈井原《まないはら》から豊受大神《とようけのおおかみ》（以下、トヨウケという）を迎えて欲しい」との託宣があった。これを受けて、雄略天皇は直ちにトヨウケを丹後国から迎え、内宮にほど近い度会《わたらい》の地に壮麗な神殿を建ててまつったという。これが外宮の起源とされており、トヨウケを祭神とすることから、豊受大神宮《とようけだいじんぐう》とも呼ばれている。
祭神のトヨウケは食物を司る神で、ウケ、またはウカ（宇迦）は文字通り食物の意味である。前項で述べたが、大和の笠縫邑を出発したアマテラスは丹後の吉佐宮に四年間留まった。そのとき、以前からこの地に鎮座していたトヨウケが朝夕の御饌を作ってもてなした。しかし、伊勢に鎮座すると、食事の世話をするものがいなくなった。そこで、雄略天皇の夢枕に立って、トヨウケを呼び寄せるように命じたというのである。

以来、外宮では日々、アマテラスのための朝御饌、夕御饌が調理されてきた。今でも外宮では外宮正殿の北側にある忌火《いみび》屋殿《やどの》（神に捧《ささ》げる食事を作る厨房《ちゅうぼう》）で、朝夕の二回、御饌を調理し、これを向かいの御饌殿《みけでん》においてアマテラス、及び、八百万《やおよろず》の神に供えている。

ちなみに、豊受大神が古くから鎮座していたとされる丹後の吉佐宮は、現在、天橋立近くにある籠神社とされている。アマテラスが最初に留まったとされる元伊勢伝承の地である。

伊勢神宮の斎王《さいおう》

第十一代・垂仁《すいにん》天皇の皇女ヤマトヒメは、五十鈴川のほとりに社を建てて八咫鏡と天叢雲剣をまつったのが伊勢神宮内宮の起源である。以降、ヤマトヒメは生涯独身を通し、巫女《みこ》としてアマテラス（天照大御神）に仕えたという。そして、ヤマトヒメ以降も歴代天皇の内親王《ないしんのう》（天皇の姉妹や皇女）の中から卜占《ぼくせん》（占い）で選ばれた女性がアマテラスに仕えることになった。

このアマテラスに仕える内親王を「斎王《さいおう》」といい、和語で「いつきのみこ」という。この斎王は伊勢神宮の近くの「斎宮《さいぐう》」と呼ばれる館に住んで厳格な潔斎《けっさい》（身を清めること）の生活を行い、伊勢神宮の三時祭、つまり、六月と十二月の月《つき》次祭《なみさい》と十月の神嘗祭《かんなめさい》（一般の新嘗祭）のときだけ伊勢神宮に出仕して祭事を司った。

斎王は天武朝（六七三〜六八六）のころには制度化されたと考えられているが、これが国家的な一大行事と位置付けられるのは平安時代初期の嵯峨《さが》天皇の時代（八〇九〜八二三年在位）である。

新天皇が即位すると直ちに、斎王が卜定《ぼくじょう》（卜占によって決めること）される。

卜定された斎王は先ず、御所《ごしょ》内に設けられた「初斎院《しょさいいん》」という建物にこもり、ここで潔斎して穢《けが》れを祓《はら》う。そして、翌年の八月に卜定によって聖地に建てられた「野宮《ののみや》」と呼ばれる館に移り、ここでさらに満一年間の潔斎生活を送って身を清める。

現在、京都嵯峨《さが》にある野宮神社が斎宮の旧跡。斎宮は歴代天皇の即位ごとに各地に建てられたが、平安時代以降は嵯峨に建てられるようになった。現在でも樹皮のついたままのヒノキの黒木鳥居《くろきどりい》があり、往時を偲《しの》ばせている。

二年に及ぶこうした潔斎生活は、俗界との交渉を完全に断ち切った厳しいものだった。毎日の食事はもちろんのこと、言葉にも穢れを祓う細心の注意が注がれる。ここで使われる言葉を「斎宮の忌詞《いつきのみやいみことば》」といい、仏教語と死などに関する不吉な言葉はいわゆる隠語が用いられた。たとえば、「仏」は「なかご」、「寺」を「瓦《かわら》ぶき」、「死ぬ」は「直る」、「血」は「汗」、「墓」は「つちくれ」などという言葉に置き換える。

このような厳しい物忌み生活を送った後、卜定から三年目の九月に野宮を出た斎王は、御所で天皇から斎宮として伊勢に遣わす勅命を受ける。そして、数百人の護衛の役人に伴われた斎王は、七日後に伊勢に到着する。斎王一行が隊列をな

斎宮御所模型

して伊勢に向かうことを「群行《ぐんこう》」といい、国家的な大行事だった。群行が行われる九月は京都をはじめとする畿内《きない》周辺や、一行が通過する地域では葬儀などが制限された。

伊勢では神宮から数キロ離れた斎宮御所に住まい、斎王はここでも厳しい潔斎生活に専念し、斎宮御所から外に出るのは神宮の例祭のときのみだけだった。斎王の任期は、天皇が崩御《ほうぎょ》（没）するか、新しい天皇が退位するまでとされ、ひとたび斎王に選ばれれば数十年もの間、独身のまま潔斎生活が続くことになる。中には在任中に病没した例もあった。

このような斎王の制度は平安時代を通じて厳格に守られたが、鎌倉時代ごろからは揺らぎ始めた。後醍醐《ごだいご》天皇（在位一三一八～三九年）の皇女が斎王になったのを最後に、戦乱のために中断された。室町時代以降は伊勢神宮の神官の最高権威者である「祭主《まつりぬし》」が斎王を代行してきたが、明治になって内親王から祭主を選定するようになった。

戦後、伊勢神宮から数キロ離れた近鉄山田線・斎宮駅の近くの森で斎宮御所の遺跡が発掘された。今ではその遺跡が保存され、近くには斎宮歴史博物館があって往時の斎宮の様子を窺《うかが》うことができる。かつて斎宮御所には数百人の役人や女官などが仕えていたと伝えられている。

◆上賀茂《かみがも》神社の祭神は雷の神

京都の上賀茂《かみがも》神社（賀茂別雷《かもわけいかずち》神社）は下鴨《しもがも》神社（賀茂御祖《みおや》神社）とともに平安遷都（七九四年）以前から鎮座する古社として知られている。上賀茂神社の祭神は別雷命《わけいかずちのみこと》（以下、ワケイカズチという）、下鴨神社の祭神はワケイカズチの母の玉依毘売命《たまよりびめのみこと》（以下、タマヨリビメという）と、タマヨリビメの父、つまりワケイカズチの祖父の建《たけ》角身命《つぬみのみこと》（以下、タケツヌミという）である。

上賀茂神社の祭神のワケイカズチはその名が示すとおり雷の神で、水神、農耕神としての性格を持つ。そして、ワケイカズチについて『山城国風土記《やましろのくにふどき》』などには次のような伝説が伝えられている。

ある日のこと、タマヨリビメが瀬見《せみ》の小川（下鴨神社の西側にあったとされる小川で、現在は川底だけが残っている）のほとりを散歩していたとき、上流から一本の丹塗《にぬ》り（朱塗り）の矢が流れてきた。その矢の美しさに目を奪われたタマヨリビメはこれを拾い上げて自らの床の傍らに飾って、日夜ながめて暮らしていた。

すると、タマヨリビメの身辺にたびたび不思議なことが起こり、ついには妊娠して玉のような赤子を生んだ。そして、この子が成人したとき、祖父にあたるタケツヌミは大勢の人を招いて盛大な祝宴を催した。

その席でタケツヌミはその子に向かって、もし祝宴の中に父と思う人がいるなら、その人のところに行って酒を注ぐように、と言って盃《さかずき》を渡した。すると、その子は盃を捧《ささ》げて天を仰いだかと思うと、勢い良く飛び上がり、屋根を突き破って天に昇っていってしまったという。

これはいわゆる処女懐胎伝説で、話の経緯からして丹塗りの矢がワケイカズチの父親ということになる。そして、比叡山《ひえいざん》の麓《ふもと》に鎮座する日吉大社《ひよしたいしゃ》（滋賀県）の伝説によ

上賀茂神社

ると、ワケイカズチの父親は日吉大社の祭神である大山咋神《おおやまくいのかみ》（以下、オオヤマクイという）であると伝えられている。

　もともと三柱の神は、今の上賀茂神社のところに仲良くまつられており、古くは賀茂社と呼ばれていたのである。しかし、すでに奈良時代以前に賀茂社は強大な勢力を誇るようになった。そのような賀茂社の勢力の拡大に脅威を抱いた朝廷は、文武天皇（六九七～七〇七）の時代に現在の上賀茂神社の数キロ下流に下鴨神社を創建した。つまり、下鴨神社を創建することで、氏子の勢力を二分したのである。以降、賀茂社は上賀茂神社と下鴨神社に分かれることになったのである。

　また、一般には加茂川下流の下鴨神社が先に創祀《そうし》されて、後に上流に上賀茂神社がまつられたと言われることが多い。しかし、下鴨神社が賀茂御祖神社と呼ばれるように、ワケイカズチの祖父と母をまつることから両社は古くから現在の上賀茂神社の場所にまつられていたのである。

ちなみに、上賀茂神社は「賀茂」の字を用い、下鴨神社は鳥の「鴨」の字を用いる。もともとは「鴨」の字を用いていたようだが、神亀《じんき》三年（七二六）に中国の慣習に習って地名を嘉名（縁起の良い字）でつけるようになってから「賀茂」と改められたという。以降、両社を区別するために下社には「鴨」の字を用い、上社には嘉名の「賀茂」を用いるようになった。そして、上社から上流を加茂川、下社から下を鴨川と呼ぶようになったのである。

◆名誉挽回《ばんかい》した諏訪《すわ》大社の祭神

六年に一度の奇祭「御柱祭《おんばしらまつり》」で知られる諏訪大社の祭神、建御名方神《たけみなかたのかみ》（以下、タケミナカタという）は大国主命《おおくにぬしのみこと》（以下、オオクニヌシという）の御子神《みこがみ》（子ども）である。記紀の神話によれば国譲りの際、アマテラスの命により派遣された建御雷神《たけみかづちのかみ》（以下、タケミカヅチという）に負けて信濃《しなの》の諏訪まで追われて殺されそうになったが、命乞《ご》いして服従することを誓ったとされている（一一一ページを参照）。

このようにタケミナカタは記紀の神話では敗北者として、極めて不名誉な烙印《らくいん》を押されてしまったのである。しかし、諏訪大社の縁起にはその名誉を挽回する神話（伝承）が語られている。

タケミナカタが諏訪にやって来たときに、すでに古くからこの地に定住していた氏族がいた。その氏族は守矢《もりや》氏といい、モリヤの神、あるいはモレヤの神と呼ばれる神を氏神として奉じていた。このモリヤの神がタケミナカタの侵攻を阻止しようとして、猛然と攻撃してきたというのである。

二神は天竜川の近くで決戦に臨んだ。タケミナカタは天神のタケミカヅチには一蹴《いっしゅう》されたものの、国神屈指の勇者だ。地方の氏神とはおのずから力量に差があった。けっきょく、有利な戦いを展開したタケミナカタがモリヤ神を圧倒し、服従させたのである。

この地を征服したタケミナカタは八坂刀売神《やさかとめのかみ》（以下、ヤサカトメという）と結婚して十三柱の御子神をもうけ、諏訪の地を開拓して繁栄に導いた。そして、諏訪湖畔の聖地を永遠の神域として鎮座することになったというのである。

この話は一度は敗北者の汚名をきせられたタケミナカタが、名誉を挽回した上で諏訪の地に鎮座したことをあらわしている。しかし、その背景には諏訪大社の支配権を巡る新旧の勢力の熾烈《しれつ》な闘争の跡を窺《うかが》うことができる。

守られた土着の信仰

諏訪大社は諏訪湖の南に上社、北に下社があり、さらに上社には本宮と前宮が、下社には春宮と秋宮とがある。これら四社を総称して諏訪大社と呼ばれるのだが、上社は諏訪《すわ》氏と守矢《もりや》氏が、下社は金刺《かなさし》氏が祭祀《さいし》を担当してきた。上社の諏訪氏は祭神のタケミナカタの後裔《こうえい》、守矢氏はタケミナカタが鎮座する以前からこの地方に住んでいた土着の氏族。また、下社の金刺氏は信濃の国造《くにのみやつこ》（地方官で、現在の知事に相当）の後裔と伝えられている。

つまり、もともと諏訪にはタケミナカタが鎮座する以前から守矢氏と諏訪氏がいたが、七世紀ごろそこに金刺氏の祖先が国造として派遣された。このとき、土着の守矢氏と金刺氏との間に争いが起こった。このことを反映したのが、先に述べたモリヤの神とタケミナカタの争いである。

朝廷の命を受けて諏訪に入った国造（金刺氏の祖先）は、タケミナカタを主祭神にまつって、土着のモリヤの神を支配下に置こうとした。つまり、天孫に服従した神をまつることによって、諏訪大社をアマテラスを頂点とするヒエラルキーの中に治めようとしたのである。しかし、守矢氏の祖先はこれを容易には認めず、激しく抵抗した。先の話ではタケミナカタがモリヤの神を平定したことになっているが、実際には守矢氏の勢力を完全に排斥することはできず、長きにわたって闘争が続いたと思われる。

そして、時代が下ると金刺氏は下社を作って本拠地とし、上社は守矢氏と諏訪氏の本拠地となった。四社にはタケミナカタとヤサカトメがまつられるが、実質的には上社はもともと守矢氏がまつっていた氏神の性質が強いと言うことができるだろう。

そのことは、上下両社で行われる神事にもあらわれている。つまり、上社では狩猟民的な神事が、下社では農耕民的な神事が行われるのである。毎年、四月十五日には上社で行われる「御頭祭《おんとうさい》」はその代表で、かつては数十頭に及ぶ鹿の頭を神前に供えたという（ただし、現在は剝製《はくせい》の鹿の頭を供える）。また、上社では元日に「蛙狩神事《かわずがり》」がある。これは上社が狩猟の守護神としての性格を持っていることを示している。

また、下社では祭神が春宮と秋宮に交互にまつられることになっている。つまり、二月一日から七月三十一日までは春宮に、八月一日から翌年の一月三十一日までは秋宮にまつられるのであり、二月一日と八月一日には厳かに遷座祭《せんざさい》が行われる。このように祭神が春宮と秋宮を行き来するのは田の神のような農耕神の去来を意味し、下社が農業の守護神としての性格が強いことをあらわしている。このことは、下社は農耕神の総帥であるアマテラスの傘下にあることを意味しているのである。

いっぽう、狩猟の守護神としての上社は土着の神としての性格が強い。一般に神社の神饌《しんせん》(神に捧げる食事)として魚介や鳥肉は供えるが、獣肉はタブーとされている。その点において鹿などの獣の頭を供える上社の御頭祭は異例だ。これにはイヨマンテ(熊祭り)に象徴されるようなアイヌの習俗が入り込んだものと考えられ、かつては神前に獣肉を供える神社もあったのではないかという指摘もある。

しかしながら、七世紀の末ごろから律令制が整備されて中央集権化が進むと、全国の神社の祭神は、アマテラスをはじめ記紀の神話に登場する農耕神系の神々に置き換えられて行った。それと同時に、神事やそれに関わる神饌についても農耕神系のものに統一されることになったのである。

そんな中にあって、上社は御頭祭や蛙狩神事のような狩猟神系の神事を絶やすことがなかった。つまり、中央の勢力に屈することなく土着の信仰を頑なに守ったのである。

◆エビス神にまつわる二つの伝説

記紀の神話では、イザナキと妹伊邪那美神《いもいざなみのかみ》（以下、イザナミという）が最初に生んだ子は蛭子《ひるこ》という不肖の（身体に障害のある）子で、三歳になっても足が立たなかったので葦舟《あしぶね》に乗せて海に流してしまったと伝えている（四七ページを参照）。そして、この蛭子についてその後の消息は語っていない。

ところが、兵庫県の西宮《にしのみや》神社の社伝によれば、その蛭子が長きにわたって日本の近海を漂流した後、西宮の浦（西宮神社の辺り）に流れついた。そして、これがこの神社の祭神のエビス神であると伝えている。西宮神社は「西宮のえべっさん」と通称され、毎月、十日の縁日には「商売繁盛、笹持って来い」の掛け声とともに大勢の参拝者で賑《にぎ》わう。

いっぽう、島根県の美保関《みほがせき》にある美保神社の祭神である八重言代主神《やえことしろぬしのかみ》（以下、コトシロヌシという）もエビス神とされている。コトシロヌシは天孫降臨に先立って遣わされたタケミカヅチの迫力に畏《おそ》れをなし、即座に国譲りに同意して青柴垣《あおふしがき》という美保関の海中に潜ってしまった（一〇九ページを参照）。以降、美保神社の祭神としてまつられている。

このコトシロヌシがエビス神として信仰を集めるようになったのは、室町時代末ごろから江戸時代の初めのことと考えられている。このころから、出雲大社のオオクニヌシの「大国」と仏教の大黒天の「大黒」の音が通じることから、オオクニヌシが「出雲のダイコクさま」と呼ばれるようになった。江戸時代に入るとエビス・ダイコクが七福神の一神として並び称されるようになり、ともに商売繁盛の守護神として盛んに信仰されるようになった。このころから、親子の関係にある二社は「出雲のえびすだいこく」と並び称され、「大社だけでは片参り」と言われて両社をともに参拝する風習を生んだ。

ところで、もともとエビスは「夷」、または「胡」と書き、中国では北方の異民族をあらわした。そして、異民族はときとして思わぬ文物をもたらした。このことから、エビスは思いがけず訪れて幸いをもたらす神と考えられるようになり、「客人の神」として歓迎されるようになった。また、その客人の神は岬などに漂着すると考えられていたことから、西宮の岬や出雲半島の先端の岬（美保関）がその漂着地と考えられたのである。

◆疫病神《やくびょうがみ》になった須佐之男命

京都の祇園祭《ぎおんまつり》は疫病《えきびょう》退散を祈願する八坂《やさか》神社の例大祭である。八坂神社の祭神のスサノオは疫病神（疫病の神様）で、スサノオを鎮めるために行われるのが祇園祭だ。記紀の神話では高天原で乱暴狼藉《ろうぜき》を働いて追放されたスサノオが疫病神になったのは、疫病神に関する次のような中国の伝承と結びついたためである。

中国の伝承によれば、昔、一人の旅人が中国の山中で道に迷ってしまった。しだいに日も暮れだし、お腹も空いてきた。旅人は何とかこの苦境から脱出しようと、藁《わら》をも摑《つか》む思いで山中をさまよった。道なき道をしばらく進むと、一軒の豪邸が忽然《こつぜん》と目の前にあらわれた。旅人にとってまさに地獄に仏だった。狂喜した旅人は、さっそくその家の門戸を叩《たた》くと、中からいかにも裕福そうな主人が出てきて応待した。

旅人は主人に事情を話し、一夜の宿となんでも良いから食べ物を分けてもらいたいと頼んだ。これに対して、豪邸の主人は冷たかった。どこの馬の骨とも分からない人間を泊める部屋もなければ、余分な食料もないと言って一言のもとに旅人の申し出を拒否した。主人は巨旦将来《こたんしょうらい》といい、大金持ちでありながらケチで有名な人物だった。

喜んだのも束《つか》の間、手痛い仕打ちを受けた旅人は、茫然自失の体で再び山中をさまようことになった。それでも旅人は、すっかり日の暮れた山中をフラフラになりながら進んだ。しばらく行くと、ぼんやりと灯《あか》りのともったいかにもみすぼらしいあばら屋が見えた。このあばら屋を見た旅人は深い溜息《ためいき》を漏らした。こんな家では人を泊めるような部屋もなく、食べ物にもありつけないだろうと思った。しかし、最早《もはや》、疲労困憊《こんぱい》した旅人は一歩も動くことができなかった。そこで、駄目で元々と思いながら、戸口を叩いてみた。

小さな家の中からいかにもみすぼらしい姿の男があらわれた。その男は優しい笑みをたたえて旅人を家に招き入れてくれた。そして、旅人に自分の夕食を半分わけ与え、藁で寝床を作って旅人を寝かせ、自分は土間に寝た。粗末ではあるが、その夕食と寝床は、旅人にとって千金に値した。

この家の主人の名は蘇民将来《そみんしょうらい》といい、先に旅人を追い払った富豪の巨旦将来の兄だった。弟とは正反対で、蘇民将来は極めて貧しいが正直で、たいへん優しい心の持ち主だったのである。翌朝、すっかり元気になった旅人は、蘇民将来に丁重に礼を述べた上で、お礼のしるしに茅《かや》の茎で作った輪を手渡した。そして、その輪を肌身離さず持っていれば、決して疫病にかかることはないと告げて立ち去っていった。

この旅人の正体は疫病神だったのである。間もなくこの地方では疫病が猛威を振るったが、旅人を丁重にもてなした蘇民将来は疫病にかかることなく、貧しいながらも幸せな生涯を送った。いっぽう、疫病神を冷たくあしらった弟の巨旦将来は疫病にかかり、すぐに死んでしまったという。

以上のような中国の伝説がいつのころからか日本に伝えられた。そして、高天原を追放されて出雲《いずも》の山中をさまよったスサノオ（八四ページを参照）と、山中をさまよった旅人（疫病神）のイメージが重なり、両者が同一視されるようになったのである。疫病神は手厚くまつった者には祟《たた》らないが、これを粗末にする者は即座に疫病に感染させて死に至らしめるのである。

ところで、京都の八坂神社で配られる疫病除けのお札には「我蘇民将来之子孫也《われはそみんしょうらいのしそんなり》」と書かれている。これは「私は蘇民将来の子孫だから、ご先祖さまと同様、あなた様（疫病神）を手厚くもてなします」という意味である。このお札は京都の町屋の軒先

茅の輪

で良く見られる。

また、各地の神社では毎年、六月三十日に「夏越《なごし》の祓《はら》え」という疫病除けの行事が行われている。このとき、境内に茅《ち》の輪《わ》という直径二メートルを超す輪が据えられ、これを潜って疫病除けの祈願をする。この茅の輪は、前述した疫病神（旅人）が蘇民将来に渡した茅の輪に由来するのである。

◆春日大社の神鹿《しんろく》――その故郷は？

奈良といえば、すぐに目に浮かぶのが東大寺の大仏、そして、町の至るところで見かけられる鹿である。現在、その数は二千頭ともいわれ、国の天然記念物として大切に保護されている。今ではすっかり奈良のシンボルとなっている鹿たちは、もともと春日大社の神鹿（神に仕える鹿）で、祭神のタケミカヅチ（武甕槌神）はこの鹿の背に乗って降臨するとされている。そして、そのルーツは奈良から数百キロ離れた茨城県の鹿島神宮《かしまじんぐう》にあるのだ。

古代より東国には蝦夷《えみし》が勢力を張り、中央集権化を進める朝廷にとって東国平定は最重要課題の一つだった。そこで、朝廷は早くから東国攻略の基地を設け、鹿島神宮の鎮座する茨城県南部は蝦夷の侵入を防ぐ防衛の最前線だった。

奈良、平安時代を通じて権勢を誇った藤原氏の祖先は古くから鹿島を本拠地としており、一説に大化の改新を敢行した藤原鎌足《かまたり》は鹿島の出身とされている。そして、古代藤原氏は鹿島神宮を氏神として仰ぎ、北方から侵入してくる蝦夷と戦って大いに軍功を挙げたという。

その功績が認められ、藤原氏は大和《やまと》（奈良）の中央政界に進出し、鎌足の子の不比等《ふひと》のときに藤原氏は大和に磐石の基盤を作り、七一〇年の平城京遷都にともなって氏神のタケミカヅチを奈良の若草山の麓《ふもと》に遷座した。これが春日大社の起源だという。そして、遷座のとき、鹿島の祭神は白鹿に乗って、一年以上かけて奈良までやって来たと伝えられている。

このときに連れて来られた鹿が一三〇〇年の歳月を経て繁殖し、奈良のシンボルと

春日大社の鹿

して至るところで見られるのである。また、三重県西部に名張《なばり》というところがあるが、縄を張って鹿が道をそれないようにしたのが地名の由来であるといい、古くは「縄張」と書いたという。ほかにも鹿島から奈良への遷座の道程には、当時の鹿の隊列を思い起こさせる地名が見られる。

ちなみに、鹿島という地名は、文字通り鹿が多く棲息《せいそく》していることからつけられたとされている。そして、古代の人々は繁殖期になると人里近くに来て鳴く鹿の声に神の来臨を予感したのだろう。

◆防火の守護神となった火の神

イザナキ、イザナミは夫婦で多くの神を生

んだが、最後に火之迦具土神《ひのかぐつちのかみ》（以下、ヒノカグツチという）という火の神を生んだ。火の神を生んだイザナミはホト（女陰）に大火傷《やけど》を負い、間もなくそれがもとで亡くなってしまう。最愛の妻を失ったイザナキは、イザナミの死の原因になったヒノカグツチを憎み、ついには斬り殺してしまった（五二ページを参照）。

このヒノカグツチを祭神としてまつるのが静岡県の秋葉《あきは》山本宮《さんほんぐう》秋葉《あきは》神社で、古くから火伏せ（防火）の神として知られている。

水の神を防火の神とするのであれば分かるが、火元となる火の神を防火の守護神とするのは、少々、納得が行かない。しかし、古くから神は粗末に扱うと災いをもたらすが、これを丁重にもてなせば災いをなすことなく、かえって幸いをもたらしてくれると考えられている。たとえば、疫病神は粗末にすると疫病を大流行させるが、これを厚くもてなせば疫病の流行を防ぐと考えられているのだ（二一七ページを参照）。このような信仰から、ヒノカグツチも祭神として丁重にまつれば火災を鎮めてくれると考えられたのである。このようなことから、火の神、ヒノカグツチは火伏せの神としての地位を得たものと考えられる。

秋葉神社の創祀《そうし》は古く、和銅《わどう》二年（七〇九）に南アルプスの南端の秋葉山の山頂に社殿を造営したのが起源と伝えられている。鎌倉時代になると真言宗の勢力が入って神仏習合し、秋葉権現《ごんげん》と呼ばれて厚く信仰されるようになった。そして、戦国時代には武田信玄をはじめとする武将に厚く崇敬され、さらに江戸時代になると徳川家康の崇敬を受け、徳川幕府が社領を寄進して多いに栄えた。

また、江戸時代には江戸、大阪、京都などの都市が急速に発展し、防火がより強く意識されるようになった。明暦《めいれき》三年（一六五七）には江戸で明暦の大火が起きて甚大な被害を被ると、火伏せの神への信仰はますます高まった。そんな社会状況を反映して、貞享《じようきよう》二年（一六八五）の例大祭のとき、秋葉神社の神輿《みこし》がはるばる江戸と京都に巡幸《こうむ》して火伏せの祈願をした。これをきっかけに各地に秋葉神社が勧請《かんじよう》され、秋葉信仰が全国的に広まった。東京の秋葉原《あきはばら》は明治三年（一八七〇）に秋葉神社を勧請したことが、地名の由来になった。

ちなみに、火災がなければ商売も順調に発展することから、ヒノカグツチは商売繁盛の神としても信仰されるようになった。さらに、火との関連から焼き物の守護神ともなり、滋賀県の信楽《しがらき》など各地の陶磁器の産地にはヒノカグツチがまつられている。

参考文献

『新訂古事記　付　現代語訳』（武田祐吉訳注／中村啓信補訂・解説、角川ソフィア文庫）
『ビギナーズ・クラシックス古事記』（角川書店編、角川ソフィア文庫）
『古事記』（上・中・下、次田真幸全訳注、講談社学術文庫）
『日本書紀　全現代語訳』（上・下、宇治谷孟訳、講談社学術文庫）
『日本神話と古代国家』（直木孝次郎著、講談社学術文庫）
『日本神話の源流』（吉田敦彦著、講談社学術文庫）
『縮刷版　神道事典』（國學院大學日本文化研究所編、弘文堂）
『歴代天皇総覧　皇位はどう継承されたか』（笠原英彦著、中公新書）
『知っておきたい日本の神様』（武光誠著、角川ソフィア文庫）
『出雲国風土記』（荻原千鶴全訳注、講談社学術文庫）
『日本の神様を知る事典』（阿部正路監修、日本文芸社）
『日本の神社を知る事典』（菅田正昭著、日本文芸社）
ほか

知《し》っておきたい日本《にほん》の神話《しんわ》

瓜生《うりゅう》中《なか》

平成19年 11月25日　初版発行
令和 7 年 1 月20日　27版発行

発行者●山下直久

発行●株式会社KADOKAWA
〒102-8177　東京都千代田区富士見2-13-3
電話　0570-002-301（ナビダイヤル）

角川文庫 14938

印刷所●株式会社KADOKAWA
製本所●株式会社KADOKAWA

表紙画●和田三造

ISBN978-4-04-406406-8　C0115

◆◆◇